国学经典读本

GUOXUE JINGDIAN DUBEN

全十二册

(三)

主编 黄光成

四川出版集团
巴蜀书社

顾　　问	董味甘
审　　定	何绍勇
主　　编	黄光成
执行主编	盛启元
编　　委	张玉林　涂兴平　淳世华 赵维光　阮世奎　盛　毅 贾朝敏

前　言

董味甘

《国学经典读本》（全十二册），用作中学语文的辅助教材，得知编者的意图，我激动的感觉是"先得我心"；见到编成的读本，我明确的认定是"善莫大焉"！

因为这套读本收的都是国学中的经典，能够很好地为中学生"完善自我，服务社会"提供条件，创造前提。国学是中国人的宝藏，现代的人谁都知道读书学习是获得知识成为有用之才的重要途径，其实在国学中早就作出了科学的总结。《礼记·学记》就说："虽有嘉肴，弗食，不知其旨也；虽有至道，弗学，不知其善也。"《文心雕龙·神思》也说："博见为馈贫之粮。"把多读书看做是赠送给知识贫乏者的食粮。类似的说法还有："不学而求知，犹愿鱼而无网"（葛洪），"非读书，不明理。要知事，须读史"（李光庭）。这些前贤都是有识之士，把读书求学的重要性讲得很清楚。而他们说的"书""史"，显然都是国学。

为了服务社会，必须完善自我，这主要包括知识美德两个方面。后者显然更为重要，但却容易被人忽略。培根说得不错，读书不仅可以"促进才干"，而且可以"塑造人的性格"。其实早在两千多年以前的我国，像"以文化人"、"化民成俗，其必由学乎"

前　言

这些精辟的论述，就已经载入典籍，成为人类文明进步的重要标志，并在哺育灿烂中华文明的历史进程中，一直发挥着巨大的作用。

国学是什么？各家有各家的说法，大致相同的则是"即中国固有的学术，以及研究中国传统的典籍、学术与文化的学问"（袁行霈）。凭国学"以文化人"直至"化民成俗"是中国几千年来的教育实践反复证明了的真理。长期以来，无数事实证明这的确是行之有效的。成语"刮目相看"是从吕蒙的话"士别三日，即更刮目相待"衍生出来的。而吕蒙之所以被鲁肃称赞"学识英博，非复吴下阿蒙"，却正是由于吕蒙听了孙权的话，认真读书，终于得到了收获，从粗莽的武夫变成了有文明教养的文质彬彬的"君子"。这套读本，就是要使中学生通过学习国学经典，用中国传统的文化知识充实头脑，改善素质，提高修养，完善自己，为服务社会打好基础。

现代化的社会，新时代的需求，全面发展的培养目标，用得着这套《国学经典读本》吗？答案很肯定，不但完全用得着，甚至是迫切地需要。因为无论从理论或实际哪个方面来看，都是如此。

国学是中国人的学问，是中国文明的结晶，是中华民族人文精神的集中体现，是祖先留给我们的宝贵的文化遗产；中华民族凭着这万古常新的精神纽带，铸成顶天立地的民族脊梁，不怕风吹雨打，始终坚强地屹立于世界民族之林。国学中，和谐的思想，尚善的态度，天人合一的理念，忧国忧民的情操，敬业乐群的意识，修身养性的守则，完美地体现着中华民族的不懈追求；更不用说历史的经验无比丰富，可以给我们深刻的启示；文学的佳作美不胜收，可以使我们的心灵纯洁而美好。中华民族的性格、骨

前 言

气、品质、精神，全部都是由国学乳汁哺育出来的。今天，谁也不能否认：中华民族的伟大复兴离不开对优秀传统文化的传承。要构建、提升国家文化软实力，要促进社会主义的文化大繁荣，不让国学进入课堂，不把中断了几十年的文化血脉连续起来，那才真是缘木求鱼，痴人说梦，难以想象，不可理解。"国学热"之所以有如春潮沸涌，席卷全球，意味着历史发展的大势所趋，也再一次证明了国学有着青春不老的强大生命力量。

这套读本，应运而生，符合时代要求，所以特别可贵。何况这套读本还有着与众不同的特点，值得另眼相看。

特点之一是博，即能够正确地把握国学的范围，不是"独尊儒术"，只讲"四书五经"，而是"经史子集"，"三教兼容"。中国传统文化原本就是儒道互补，佛教东来之后，又讲究三家均衡发展，《国学经典读本》的选择，既肯定了孔子及其所代表的儒家思想是中华文化的核心价值，又突破了"儒家本位"的僵滞的局限，更能比较全面而广泛地体现国学博大精深的丰富内涵。

特点之二是精，即能够恰当地选择国学的精华，从严要求，入选的无愧经典之名，都是优秀的突出的有代表性的脍炙人口的名篇作品，经过社会的长期检验，历史的反复淘洗，依然影响广泛、传世不衰。难得编者在浩如渊海的典籍中搜寻、比较、挑选，结果只有漏的，没有错的，应该承认的确是够好的了。

特点之三是美，即能够适度地重视文学的美的传承，诗文无所偏废，特别是对于诗词歌赋曲联予以足够的重视，尽管分别选入的只能是一鳞一爪，一花一叶；但聚而成形，足以令人想见全龙腾空，夭矫飞翔于九天；百花缤纷，齐放异彩于满园。

特点之四是正，即能够合理地遵循正则，兼修内外，导引示范。内在思想则有意沟通今古，注意发挥国学的资源优势，取其

前　言

精华，除旧布新。外在形式则重在示人以范，导以规矩，固其基础，以读导写，读写结合。循序渐进，不断提高。

作为中国人的精神食粮，毫无疑问，这套读本不但完全可以作为中学语文的配套使用补充教材，同时也可以独立使用，甚至可以作为国学爱好者的自修读物。

必须强调：通过国学，以文化人，当然不能抱残守缺，复古倒退，应当立足于今，重视国情，推陈出新，与时俱进，与当代社会相适应，与现代文明相协调，服务于振兴中华、增强民族凝聚力、实现现代化的伟大历史任务。相信只要善用这套读本，一定能够使它化作潇潇春雨，润物无声，使校园中的芬芳桃李日积月累，潜移默化，心灵中洋溢着诗意，记忆中涌现着历史，思考中追寻着哲理，健康地成长为支撑新的社会主义大厦的材质优良的大好栋梁。

2011年4月脱稿于重庆师大味庐

目　录

前言 ………………………………………… 董味甘（1）

第一单元　《论语》选读（上）

德行科 ……………………………………………（1）
　一　论道德仁爱 ………………………………（1）
　二　谈修身养性 ………………………………（7）
　　（一）律己恕人 ……………………………（7）
　　（二）士、君子、小人 ……………………（10）
　　（三）刚毅与好恶 …………………………（15）

第二单元　声律启蒙

卷上 ………………………………………………（17）
　一　东 …………………………………………（17）
　二　冬 …………………………………………（18）
　三　江 …………………………………………（19）
　四　支 …………………………………………（20）
　五　微 …………………………………………（21）
　六　鱼 …………………………………………（21）
　七　虞 …………………………………………（22）
　八　齐 …………………………………………（23）

目 录

　　九　佳…………………………………………（24）
　　十　灰…………………………………………（25）
　　十一　真………………………………………（25）
　　十二　文………………………………………（26）
　　十三　元………………………………………（27）
　　十四　寒………………………………………（27）
　　十五　删………………………………………（28）
卷下……………………………………………………（29）
　　一　先…………………………………………（29）
　　二　萧…………………………………………（30）
　　三　肴…………………………………………（30）
　　四　豪…………………………………………（31）
　　五　歌…………………………………………（32）
　　六　麻…………………………………………（32）
　　七　阳…………………………………………（33）
　　八　庚…………………………………………（34）
　　九　青…………………………………………（34）
　　十　蒸…………………………………………（35）
　　十一　尤………………………………………（35）
　　十二　侵………………………………………（36）
　　十三　覃………………………………………（37）
　　十四　盐………………………………………（38）
　　十五　咸………………………………………（38）

第三单元　诸子名言
　读书学习篇……………………………………（40）
　　一　读书………………………………………（40）

二　勤学……………………………………………（41）

三　好问……………………………………………（42）

四　惜时……………………………………………（43）

五　方法……………………………………………（44）

六　力行……………………………………………（45）

第四单元　《幼学琼林》选读（下）

人事…………………………………………………（47）

饮食…………………………………………………（56）

宫室…………………………………………………（58）

疾病死丧……………………………………………（60）

文事…………………………………………………（62）

鸟兽…………………………………………………（66）

花木…………………………………………………（73）

第五单元　短文选粹

教学相长………………………………《礼记·学记》（76）

染丝……………………………………《墨子·所染》（77）

曾子杀猪………………………《韩非子·外储说左上》（77）

薛谭学讴………………………………《列子·汤问》（78）

折箭……………………………………《魏书·吐谷浑传》（78）

读书百遍　其义自见……………………《三国志·魏书》（79）

一字师…………………………………《五代史补》（79）

獐边者是鹿……………………………冯梦龙《古今谭概》（80）

解铃系铃………………………………瞿汝稷《指月录》（80）

白居易拜见顾况………………………王定宝《唐摭言》（81）

呕心作诗………………………………《李长吉小传》（81）

推敲……………………………………计有功《唐诗纪事》（82）

目　录

为了一个"绿"字 …………… 洪迈《容斋续笔》（82）
满城风雨 ………………………… 惠洪《冷斋夜话》（83）
欧阳修谈作文 ………………… 苏轼《东坡志林》（83）
牧童评画 ………………… 苏轼《东坡题跋·卷五》（84）
听棋自愧 ……………………………… 李肇《国史补》（84）
揠苗助长 ……………………………… 《孟子·公孙丑上》（85）

第六单元　诗吟春景（下）

春怨 ………………………………………… 金昌绪（86）
相思 ………………………………………… 王维（86）
绝句 ………………………………………… 杜甫（87）
春游曲 ……………………………………… 王涯（87）
暮春 ………………………………………… 翁格（87）
梅花 ………………………………………… 汪中（88）
桃花溪 ……………………………………… 张旭（88）
西亭春望 …………………………………… 贾至（88）
兰溪棹歌 …………………………………… 戴叔伦（89）
滁州西涧 …………………………………… 韦应物（89）
晚春 ………………………………………… 韩愈（90）
乌衣巷 ……………………………………… 刘禹锡（90）
题鹤林寺僧舍 ……………………………… 李涉（91）
江南春 ……………………………………… 杜牧（91）
清明 ………………………………………… 杜牧（92）
叹花 ………………………………………… 杜牧（92）
台城 ………………………………………… 韦庄（93）
柳枝词 ……………………………………… 郑文宝（93）
春居杂兴 …………………………………… 王禹偁（94）

目 录

清明	王禹偁	（94）
画眉鸟	欧阳修	（94）
过故洛阳城	司马光	（95）
送春	王令	（95）
春日（二首选一）	晁冲之	（96）
春日书事	张耒	（96）
春游湖	徐俯	（97）
春日田园杂兴（十二选一）	范成大	（97）
晚春田园杂兴（十二选一）	范成大	（98）
横塘	范成大	（98）
宿新市徐公店	杨万里	（98）
春日	朱熹	（99）
绝句	吴涛	（99）
农谣（五首选一）	方岳	（99）
暮春即事	叶采	（100）
梅花	王冕	（100）
萧皋别业竹枝词	沈明臣	（100）
阳湖道中	张问陶	（101）
邠州	谭嗣同	（101）
钓鱼湾	储光羲	（102）
春夜喜雨	杜甫	（102）
春残	翁宏	（103）
春日登楼怀归	寇准	（103）
长安春望	卢纶	（104）
钱塘湖春行	白居易	（104）
春日	汪藻	（105）

目 录

临安春雨初霁 …………………………… 陆游 (105)

游山西村 ………………………………… 陆游 (106)

清明 ……………………………………… 高翥 (106)

晓出黄山寺 ……………………………… 高翥 (107)

燕来 ……………………………………… 周京 (107)

第七单元 神话与传说（上）

《山海经》三则 ………………………………… (108)

  夸父逐日 ………………………………… (108)

  精卫填海 ………………………………… (109)

  形天与帝争神 …………………………… (109)

《搜神记》三则 ………………………………… (109)

  天台二女 ………………………………… (109)

  董永妻 …………………………………… (110)

  干将莫邪 ………………………………… (111)

第八单元 文苑菁华

晏子辞千金 ……………………… 《晏子春秋》(113)

曹操 ……………………………………… 陈寿 (115)

五柳先生传 ……………………………… 陶渊明 (118)

醉乡记 …………………………………… 王绩 (119)

小石潭记 ………………………………… 柳宗元 (120)

训俭示康 ………………………………… 司马光 (121)

武夷精舍记 ……………………………… 韩元吉 (126)

送东阳马生序 …………………………… 宋濂 (129)

工之侨为琴 ……………………………… 刘基 (130)

跋赵文敏公书巫山词 …………………… 杨慎 (131)

水尽头 …………………………………… 刘侗 (132)

西湖七月半 ……………………………… 张岱（134）

柳敬亭说书 ……………………………… 张岱（136）

柳敬亭传 ………………………………… 黄宗羲（137）

秦淮健儿传 ……………………………… 李渔（140）

与友人论门人书 ………………………… 顾炎武（144）

醉乡记 …………………………………… 戴名世（147）

左忠毅公逸事 …………………………… 方苞（148）

鬼避姜三莽 ……………………………… 纪昀（150）

宝山记游 ………………………………… 管同（151）

与妻书 …………………………………… 林觉民（152）

第九单元 小说精选

林教头风雪山神庙 ……………………… 施耐庵（156）

霍小玉传 ………………………………… 蒋防（164）

雨钱 ……………………………………… 蒲松龄（173）

《国学经典读本》（全十二册）内容一览表 ……………（175）

后记 ……………………………………………………（176）

第一单元 《论语》选读(上)

阅读提示

　　读本所选《论语》依孔门四科,分德行、言语、政事、文学四大类。本单元为德行科,其中分为道德仁爱、修身养性等两个方面。首列道德,意在阐明德行修为之重要性。"仁"是孔子学说的中心,亦为道德修养最重要的一环,其中包括"孝友"内容。修身养性的功夫,在于实质之"修养"。有关修养之章句选辑也最多,范围也最广,为求眉目清晰,又分律己恕人、士君子小人和刚毅与好恶三个方面,以便于读者在学习中掌握要点,得其精义。

德 行 科

一 论道德仁爱

　　子曰:"参乎①!吾道一以贯之②。"曾子曰:"唯③。"子出,门人问曰:"何谓也?"曾子曰:"夫子之道,忠恕④而已矣!"(《里

---

①参:姓曾,名参(shēn),字子舆,鲁国南武城(今山东费县西南九里)人,小孔子四十六岁,与父亲曾晳都是孔子的学生。　②一以贯之:以"一"来统贯我所有的道。　③唯(wéi):对长上恭敬的应答之词。　④忠恕:朱熹《论语集注》载,"尽己之谓忠,推己之谓恕"。推己,谓推己及人。

第一单元

仁》第四)

　　子曰:"德不孤,必有邻。"(《里仁》第四)

　　子曰:"巧言①乱德,小不忍则乱大谋。"(《卫灵公》第十五)

　　子曰:"道听而涂说②,德之弃也。"(《阳货》第十七)

　　子曰:"乡原③,德之贼④也。"(《阳货》第十七)

　　子曰:"巧言令色⑤,鲜⑥矣仁!"(《学而》第一)

　　子曰:"里仁为美⑦。择不处仁⑧,焉得知⑨?"(《里仁》第四)

　　子曰:"苟⑩志于仁⑪矣,无恶也。"(《里仁》第四)

　　子曰:"不仁者,不可以久处约⑫,不可以长处乐⑬。仁者安仁⑭,知者⑮利仁⑯。"(《里仁》第四)

---

　　①巧言:表面上看来聪明合理,但背后却是充满了权谋私利的话。　②道听而涂说:在路上听来的,马上又传播给别人。指没有根据的传闻。涂,道路,通"途"。　③乡原:指乡里看起来谨厚的人。原,通"愿",谨厚的样子。　④贼:伤害。　⑤令色:好的脸色。这里指假装和善。　⑥鲜(xiǎn):少。　⑦里仁为美:乡里间具有仁厚的风俗,才是美好的地方。里,乡里。　⑧择不处仁:选择住所,却不居住在风俗仁厚的乡里。处,居住。　⑨焉得知:如何算得上明智呢! 知(zhì),通"智"。　⑩苟:果真。　⑪志于仁:立志向仁。　⑫久处约:指长久处于贫贱穷困的环境中。约,指贫贱穷困。　⑬长处乐:指长久处于富贵安乐的环境中。乐,指富贵安乐。　⑭安仁:指安心在仁道上,自然地依仁道而行。　⑮知者:指有智慧的人。知(zhì),通"智"。　⑯利仁:知道仁道可以利人利己而努力实践。

子贡①曰:"如有博施②于民,而能济众③,何如?可谓仁乎?"子曰:"何事于仁④,必也圣乎!尧舜其犹病诸⑤!夫⑥仁者,己欲立而立人,己欲达而达人⑦。能近取譬,可谓仁之方也已⑧。"(《雍也》第六)

子曰:"仁远乎哉⑨?我欲仁,斯仁至矣⑩!"(《述而》第七)

颜渊⑪问仁。子曰:"克己复礼⑫为仁。一日克己复礼,天下归⑬仁焉。为仁由己,而由人乎哉?"颜渊曰:"请问其目。"子曰:"非礼勿视,非礼勿听,非礼勿言,非礼勿动。"颜渊曰:"回虽不敏,请事⑭斯语矣。"(《颜渊》第十二)

仲弓⑮问仁,子曰:"出门如见大宾⑯,使民如承大祭⑰。己所

---

①子贡:姓端木,名赐,字子贡。卫人。孔子弟子,小孔子三十一岁。　②博施:广施恩德。　③济众:济助众人。　④何事于仁:何止于仁呢?言能如此,则不止于仁也。事,止,仅。　⑤尧舜其犹病诸:言尧舜恐怕都还要为此感到遗憾。其,恐怕、或许。病,憾也,心有所不足。诸,"之乎"的合音。　⑥夫:文言中的提挈词。　⑦己欲立而立人,己欲达而达人:自己想立道,也使别人能够立道;自己想行道于世,也想别人行道于世。达,有通达、顺利、显达等意思。　⑧能近取譬,可谓仁之方也已:能够就近拿自身之所欲,譬之他人,可以说是为仁的方法了。近,指"自身"。譬,比喻。方,途径、方法。　⑨仁远乎哉:仁德离我们很远吗?谓今人不肯求仁,故以为仁离我很远,似为不易做到之事。其实仁是我心所固有的天理,不假外求,哪里会离我们很远呢?　⑩我欲仁,斯仁至矣:是说只要尽其在我,肯向内心去求仁德,那么,仁德自然就会当下呈现。　⑪颜渊:姓颜,名回,字子渊。鲁国人。孔子弟子,小孔子三十岁。天资聪明,贫而好学,于孔子弟子中为最贤。年三十二岁卒,后世称为复圣。　⑫克己复礼:朱熹《论语集注》载,"克,胜也。己,谓身之私欲也。复,反也。礼者,天理之节文也"。　⑬归:归与,犹赞许。　⑭事:从事,奉行。　⑮仲弓:姓冉,名雍,字仲弓。孔子弟子,小孔子二十九岁。　⑯大宾:指诸侯。　⑰大祭:指禘(dì,帝王夏天的宗庙祭典)、祫(xiá,合祭远近的祖先)等宗庙祭典。

不欲，勿施于人。在邦无怨，在家无怨①。"仲弓曰："雍虽不敏，请事斯语矣。"（《颜渊》第十二）

司马牛②问仁。子曰："仁者，其言也③讱④。"曰："其言也讱，斯⑤谓之仁矣乎？"子曰："为之难，言之得无讱乎？"⑥（《颜渊》第十二）

樊迟⑦问仁，子曰："居处⑧恭，执事⑨敬，与人忠，虽之⑩夷狄，不可弃也。"（《子路》第十三）

子曰："刚⑪、毅⑫、木⑬、讷⑭，近仁。"（《子路》第十三）

子曰："当仁⑮，不让于师⑯。"（《卫灵公》第十五）

子曰："志士仁人⑰，无求生以害仁⑱，有杀身以成仁⑲。"（《卫灵公》第十五）

---

①在邦无怨，在家无怨：在诸侯之邦任职没有人怨他，在大夫之家任职也没有人怨他。古代天子的领属叫天下，诸侯的领地叫邦（汉初避汉高祖刘邦的名讳，改邦为国），大夫的采邑叫家。　②司马牛：姓司马，名耕，字子牛，孔子弟子。　③也：句中语气词。　④讱：忍，说话有所忍耐，不轻易开口。　⑤斯：则。　⑥这句是说：做到很难，说出来时能不克制忍耐，谨慎其辞吗？　⑦樊迟：姓樊，名须，字子迟，鲁国人。孔子弟子，小孔子三十六岁。　⑧居处：日常起居生活。　⑨执事：行事。　⑩之：往，到。　⑪刚：公正无欲。秉性硬直，就不会见利背义。　⑫毅：果敢坚忍。立志坚定，就不会畏难苟安。　⑬木：性情质朴。宅心笃实，就不会沽名钓誉。　⑭讷（nè）：说话迟钝，就不会巧言令色。　⑮当仁：遇到行仁之事。　⑯不让于师：不必对师长谦让。　⑰志士仁人：有高尚志向节操与道德的人。　⑱求生以害仁：为苟且求活命，而抛弃操守，损害仁德。　⑲杀身以成仁：牺牲生命，而成全正义、仁德。

子贡问为仁①。子曰:"工欲善其事,必先利②其器。居是邦也,事其大夫之贤者,友其士之仁者。"(《卫灵公》第十五)

子张③问仁于孔子。孔子曰:"能行五者于天下,为仁矣。"请问之。曰:"恭、宽、信、敏、惠。恭则不侮,宽则得众,信则人任④焉,敏则有功⑤,惠则足以使人。"(《阳货》第十七)

有子⑥曰:"其为人也孝弟⑦,而好犯上者,鲜矣。不好犯上,而好作乱者,未之有也⑧。君子务本⑨,本立而道生⑩。孝弟也者⑪,其⑫为仁⑬之本与⑭!"(《学而》第一)

曾子有疾,召门弟子曰:"启⑮予足!启予手!《诗》云:'战战兢兢,如临深渊,如履薄冰⑯。'而今而后⑰,吾知免夫⑱!小子⑲!"(《泰伯》第八)

孟懿子⑳问孝。子曰:"无违㉑。"樊迟御㉒,子告之曰:"孟孙

---

①为仁:行仁。　②利:动词,使其精良。　③子张:姓颛孙,名师,字子张。孔子弟子,小孔子四十八岁。　④任:倚仗。　⑤敏则有功:做事勤快就会有效率。　⑥有子:姓有,名若,鲁人,孔子弟子,小孔子三十三岁。　⑦孝弟:善事父母兄长。弟(tì),同"悌"。　⑧未之有也:没有这样的事。　⑨务本:专心致力于基本工作。务,专力。本,指孝悌。　⑩本立而道生:根本树立了,实践仁的途径就由此而生。　⑪也者:也,助词。者,语气词,表示提顿语气。　⑫其:应该是。表示推断语气的助词。　⑬为仁:实践仁德。　⑭与(yú):同"欤",相当于白话的"吧"。　⑮启:开,此处指揭开被子。　⑯战战兢兢,如临深渊,如履薄冰:怀着恐惧戒慎的心情,就像在深渊的旁边,生怕坠落;又像走在薄冰上,唯恐陷溺。战战,恐惧。兢兢,警惕,谨慎。　⑰而今而后:。从今以后。　⑱免夫:免于毁伤。夫,语气词。　⑲小子:指门下弟子。　⑳孟懿子:姓孟孙,名何忌,谥懿,孟僖子(仲孙貜,jué)的儿子,鲁国大夫。　㉑无违:事奉双亲,不违背礼。　㉒樊迟御:樊迟为孔子驾马车。

第一单元

问孝于我，我对曰：'无违。'"樊迟曰："何谓也？"子曰："生，事之以礼；死，葬之以礼，祭之以礼①。"（《为政》第二）

孟武伯②问孝。子曰："父母唯其疾之忧③。"（《为政》第二）

子游④问孝。子曰："今之孝者，是谓能养⑤。至于犬马，皆能有养，不敬，何以别乎？"（《为政》第二）

子夏⑥问孝。子曰："色难⑦！有事弟子服其劳⑧；有酒食，先生馔⑨。曾是⑩以为孝乎？"（《为政》第二）

子曰："事父母，几谏⑪。见志不从，又敬不违⑫，劳而不怨⑬。"（《里仁》第四）

子曰："父母之年，不可不知也。一则以喜，一则以惧⑭。"

---

①生，事之以礼；死，葬之以礼，祭之以礼：父母在世时，照顾他们的生活起居，要依循礼；父母去世后，办理丧葬，要合乎礼，祭祀也要合乎礼。　②孟武伯：姓仲孙，名彘，谥武。孟懿子之子。　③父母唯其疾之忧：做父母最担忧的是子女的病痛。"其疾之忧"即"忧其疾"，其，指子女。　④子游：姓言名偃，字子游。吴人。小孔子四十五岁。　⑤是谓能养（yǎng）：只是说能供养父母就行了。　⑥子夏：姓卜，名商，字子夏，卫国温邑人。孔子弟子，小孔子四十四岁。　⑦色难：和颜悦色是相当不容易的。　⑧有事弟子服其劳：若有劳役之事，后生晚辈为他们（长辈）效劳。弟子，晚辈。　⑨有酒食，先生馔（zhuàn）：有酒食，让父母先享用。先生，父母兄长。馔，动词，饮食。　⑩曾（zēng）是：乃是、就算是。曾，乃，则。　⑪几（jī）谏：微言劝谏，亦即《礼记·内则》所谓"父母有过，下气怡色，柔声以谏"。几，微。　⑫不违：不唐突父母而违其意。　⑬劳而不怨：内心忧劳，而无丝毫怨恨。　⑭一则以喜，一则以惧：一方面觉得年复一年，父母依然健康，心中非常高兴；一方面想到父母逐渐衰老，自己事奉父母的日子越来越少，心中十分惧怕。以，关系词，其下省略代名词"之"字。"之"代"父母之年"。

(《里仁》第四)

曾子曰："慎终①追远②，民德归厚矣。"(《学而》第一)

司马牛忧曰："人皆有兄弟，我独亡③。"子夏曰："商闻之矣：'死生有命，富贵在天。君子敬而无失，与人恭而有礼，四海之内，皆兄弟也。'君子何患乎无兄弟也？"(《颜渊》第十二)

子贡问友。子曰："忠告而善道之④，不可则止，毋自辱焉。"(《颜渊》第十二)

曾子曰："君子以文⑤会友，以友辅仁。"(《颜渊》第十二)

孔子曰："益者三友，损者三友。友直⑥，友谅⑦，友多闻，益矣。友便辟⑧，友善柔⑨，友便佞⑩，损矣。"(《季氏》第十六)

二 谈修身养性

（一）律己恕人

曾子曰："吾日三省吾身⑪：为人谋而不忠乎⑫？与朋友交而

---

①慎终：父母年迈寿终，谨慎而哀伤地举行丧葬礼仪。 ②追远：按时祭祀远祖，表达虔敬追怀的思念。 ③亡(wú)：通"无"。 ④忠告而善道(dǎo)之：尽心尽力地规劝朋友，并且讲究规劝的言辞和技巧。道，同"导"。 ⑤文：指文献典籍。 ⑥友直：结交正直的朋友。友，动词，结交。 ⑦谅：诚信。 ⑧便辟(pián pì)：习于逢迎周旋。 ⑨善柔：工于阿谀奉承而不诚实。 ⑩便佞(pián nìng)：习于花言巧语。 ⑪吾日三省(xǐng)吾身：我每天拿三件事来省察自己。省：省察、反省。身，指"自己"而言。 ⑫为(wèi)人谋而不忠乎：替人家谋划事情，还有不尽心的地方吗？为，替，代。忠，竭尽自己心力。

第一单元

不信①乎？传不习乎②?"（《学而》第一）

　　子夏③曰："贤贤易色④；事父母能竭其力；事君能致其身⑤；与朋友交，言而有信。虽曰未学，吾必谓之学矣。"（《学而》第一）

　　子曰："不患⑥人之不己知，患不知人也。"（《学而》第一）

　　子曰："不患无位⑦，患所以立⑧；不患莫己知⑨，求为可知⑩也。"（《里仁》第四）

　　子曰："见贤思齐⑪焉；见不贤而内自省⑫也。"（《里仁》第四）

　　子曰："已矣乎⑬！吾未见能见其过而内自讼⑭者也。"（《公冶长》第五）

---

①信：诚实信用。　②传不习乎：老师传授的课业，有不曾用心学习的地方吗？　③子夏：姓卜，名商，字子夏，孔子弟子。　④贤贤易色：用尊敬贤人的心来替换爱好美色的心。贤贤，上一"贤"字作动词，尊重之意；下一"贤"字作名词，指贤德之人。易，替换。色，指女色而言。　⑤致其身：谓献身为国，不顾生命的危险。致，奉献。　⑥患：忧愁、忧虑。　⑦不患无位：人不要忧愁没有职位。　⑧患所以立：忧愁没有足以和职位相称的才德。所以立，指所以立于其位的才德。　⑨莫己知：即"莫知己"的倒装句法，谓没有人知道自己。　⑩可知：谓自己有可为人知的真才实学。　⑪见贤思齐：看到贤者就想跟他一样。　⑫内自省：内心自我省察，恐己亦有是恶。　⑬已矣乎：算了吧！指孔子恐其再也见不到"能见其过而内自讼"的人而叹息。已，停止。　⑭内自讼：内心自我责备。讼，咎责、忏悔，检讨的意思。

子曰："德之①不修②，学之不讲③，闻义不能徙④，不善不能改，是吾忧也。"（《述而》第七）

子曰："如有周公之才之美⑤，使骄且吝⑥，其余不足观也已！"（《泰伯》第八）

子曰："过而不改，是⑦谓过矣。"（《卫灵公》第十五）

子曰："君子病⑧无能焉，不病人之不己知⑨也。"（《卫灵公》第十五）

夏曰："小人之过也必文⑩。"（《子张》第十九）

子曰："君子疾⑪没世⑫而名不称⑬焉。"（《卫灵公》第十五）
子贡曰："君子之过也，如日月之食⑭焉：过也，人皆见之；更⑮也，人皆仰之。"（《子张》第十九）

子曰："放⑯于利而行，多怨⑰。"（《里仁》第四）

子曰："贫而无怨，难；富而无骄，易。"（《宪问》第十四）

---

①之：句中助词，无意义。下句的"之"同。　②修：修养之意。　③讲：讲习、讲求。　④闻义不能徙：是说听到善行义举不能实施。徙，迁徙、奔赴。　⑤才之美：谓智能才艺之美。　⑥骄且吝：骄矜夸大又鄙陋吝啬。　⑦是：此，指"过而不改"。　⑧病：忧虑。　⑨人之不己知：即"人不知己"，谓他人不知道自己的才德。之，句中助词，无义。　⑩文(wén)：掩饰。　⑪疾：病，忧虑。　⑫没(mò)世：离开人世。没：终了、结束。　⑬称：称道、称扬。　⑭食：通"蚀"，指日月亏蚀。　⑮更：改。　⑯放：依据。一说，放纵。　⑰多怨：多取怨于人。

或曰:"以德①报怨②,何如?"子曰:"何以报德?以直③报怨,以德报德。"(《宪问》第十四)

子曰:"躬自厚④而薄责于人⑤,则远⑥怨矣!"(《卫灵公》第十五)

(二) 士、君子、小人

子曰:"士志于道,而耻恶⑦衣恶食者,未足与议也。"(《里仁》第四)

曾子曰:"士不可以不弘毅⑧,任重而道远。仁以为己任⑨,不亦重乎?死而后已,不亦远乎?"(《泰伯》第八)

子曰:"士而怀居⑩,不足以为士矣!"(《宪问》第十四)

子张曰:"士见危致命⑪,见得思义,祭思敬,丧思哀,其可已矣。"(《子张》第十九)

---

①德:恩惠。 ②怨:仇怨。 ③直:正直、合理。 ④躬自厚:对自己严格要求,即严以律己。躬,自己。厚,严格。 ⑤薄责于人:对人不求全责备的意思,即宽以待人。 ⑥远:远离。 ⑦恶(è):粗劣。下"恶"字同。 ⑧弘毅:弘,宽广,指宽大的心胸;毅,坚忍,指坚强的意志。 ⑨仁以为己任:把行仁当做是自己的责任。为了强调"仁",所以把仁放在前面,这是先秦常见的句法。 ⑩士而怀居:士人留恋安居。 ⑪致命:把生命交付给别人,有不怕死的意思。朱熹《论语集注》载"委致其命,犹言授命"。

子贡问曰:"何如斯可谓之士矣?"子曰:"行己有耻①,使于四方②,不辱君命,可谓士矣。"曰:"敢问其次。"曰:"宗族称孝焉,乡党称弟③焉。"曰:"敢问其次。"曰:"言必信,行必果④,硁硁然⑤小人⑥哉!抑⑦亦可以为次矣。"曰:"今之从政者何如?"子曰:"噫!斗筲之人⑧,何足算也!"(《子路》第十三)

子贡问君子。子曰:"先行其言而后从之⑨。"(《为政》第二)

子路问君子。子曰:"修己以敬⑩。"曰:"如斯而已乎?"曰:"修己以安人⑪。"曰:"如斯而已乎?"曰:"修己以安百姓⑫。修己以安百姓,尧、舜其犹病诸⑬!"(《宪问》第十四)

司马牛问君子。子曰:"君子不忧不惧。"曰:"不忧不惧,斯谓之君子已乎?"子曰:"内省不疚⑭,夫何忧何惧?"(《颜渊》第十二)

子曰:"君子不器⑮。"(《为政》第二)

---

①行己有耻:自己的立身行事有廉耻之心,也就是有所不为的意思。行是动词。 ②使于四方:奉命出使到四方各国。方,有方位、方国二义,此指后者。 ③乡党称弟:乡里的人都称赞他敬重兄长。周代以一万二千五百家为乡,五百家为党。 ④行必果:行为坚定果决。 ⑤硁(kēng)硁然:坚定的样子。 ⑥小人:识量浅狭的人。于此不指道德败坏的人。 ⑦抑:则也。 ⑧斗筲(shāo)之人:识量极小的人。斗,容十升。筲,竹器,容二升。 ⑨先行其言而后从之:先把要说的话实行了,然后再说出来。 ⑩修己以敬:用诚敬之心和态度修养自己。以,用。 ⑪安人:谓使亲族朋友皆各得其所,安居乐业。 ⑫安百姓:谓使所有百姓皆各得其所,安居乐业。 ⑬其犹病诸:恐怕还做不到。其,语气助词,大约、恐怕的意思。犹,尚、还之意。病诸,病之乎,等于"以之为病啊"。病,忧虑,动词。 ⑭内省不疚:自我反省,毫不惭愧。 ⑮不器:不像器物,只限于某种固定用途。

第一单元

子曰:"君子不重①则不威②,学则不固③。主忠信,无友不如己者④,过则勿惮⑤改。"(《学而》第一)

子曰:"质⑥胜文⑦则野⑧,文胜质则史⑨;文质彬彬⑩,然后君子。"(《雍也》第六)

子曰:"君子之于天下也⑪,无适⑫也,无莫⑬也,义之与比⑭。"(《里仁》第四)

子曰:"君子义以为质⑮,礼以行⑯之,孙⑰以出之,信以成⑱之。君子哉!"(《卫灵公》第十五)

曾子曰:"可以托六尺之孤⑲,可以寄百里之命⑳,临大节㉑而不可夺㉒也。君子人与㉓?君子人也。"(《泰伯》第八)

---

①重:庄重。 ②威:威仪。 ③固:坚实。 ④无友不如己者:不结交忠信不如自己的人。友,动词,结交朋友。 ⑤惮(dàn):畏惧。 ⑥质:本质,指内在。 ⑦文:文采,指外表。 ⑧野:鄙陋粗俗。 ⑨史:本为官府中掌文书的人。此指像史官之见闻宽广,外表文雅,虽不致鄙陋粗俗,但本质未必朴实。此处作形容词用,与"野"意义相反。 ⑩彬彬:此指文质兼备。 ⑪君子之于天下也:君子对于天下。之,无义。 ⑫适(dí):亲近,厚待。 ⑬莫:疏远,冷淡。 ⑭义之与比:谓依从义理。原文本当作"与义比",意为"和义相依从",为了强调"义",把"义"提为主语,成为"义与比",再加之"成"义之与比"。之,无义。比,依从。 ⑮义以为质:即"以义为质",意谓"用义来做本质"。质,本质。此下三句,句法相同。 ⑯行:实践。 ⑰孙:今作"逊",谦逊。 ⑱成:完成。 ⑲托六尺之孤:受先君遗命辅佐幼主。周制六尺约今一百三十八厘米。六尺之孤,未成年之孤儿,指幼主。另,明朝李廷机在《鉴略妥注》中说:"孤者,无父之称,二岁半谓之一尺,十五岁谓之六尺。" ⑳寄百里之命:指托付国政。寄,托付。百里,指诸侯国。命,政令。 ㉑大节:指国家存亡、个人生死的重要关头。 ㉒夺:动摇,改变。 ㉓与:通"欤",疑问语气助词。

孔子曰："君子有三戒①：少之时，血气②未定，戒之在色③；及其壮也，血气方刚，戒之在斗；及其老也，血气既衰，戒之在得④。"（《季氏》第十六）

卫灵公⑤问陈⑥于孔子。孔子对曰："俎豆之事⑦，则尝闻之矣；军旅之事⑧，未之学也。"明日遂行。在陈⑨绝粮。从者⑩病，莫能兴⑪。子路愠⑫见曰："君子亦有穷乎？"子曰："君子固穷⑬，小人穷斯⑭滥⑮矣。"（《卫灵公》第十五）

子夏曰："虽小道⑯，必有可观者焉；致远恐泥⑰，是以君子不为也。"（《子张》第十九）

子夏曰："君子有三变：望之⑱俨然⑲；即之⑳也温㉑；听其言也厉㉒。"（《子张》第十九）

子曰："君子喻㉓于义，小人喻于利。"（《里仁》第四）

---

①戒：戒慎，警惕。　②血气：血液及气息，人恃之以生者，此指精神气性。
③色：色欲、淫乐。　④得：贪得。　⑤卫灵公：春秋时卫国国君，名元。
⑥陈：即"阵"之假借，军师行伍之列。此言行军打仗布阵之法。　⑦俎（zǔ）豆之事：指祭祀礼仪之事。俎豆，皆盛放祭品的器物。　⑧军旅之事：指用兵作战之事。
⑨陈：国名，周武王立，求舜之后裔妫（guī）满，封于陈。　⑩从（zòng）者：随从之人，指弟子。　⑪兴：起。　⑫愠（yùn）：含怒、不高兴。　⑬固穷：虽处困穷，犹能坚守节操。　⑭斯：就。　⑮滥：违失操守，放肆为非。　⑯小道：指技艺。
⑰致远恐泥：言行久远，恐滞泥不通。　⑱望之：从远而望，观其容。　⑲俨（yǎn）然：端庄的样子。　⑳即之：就近见之，观其色。　㉑温：温和。　㉒厉：严正。
㉓喻：知晓。

第一单元

子曰:"君子怀德①,小人怀土②;君子怀刑③,小人怀惠④。"(《里仁》第四)

子曰:"君子成⑤人之美⑥,不成人之恶。小人反是⑦。"(《颜渊》第十二)

子曰:"君子求⑧诸⑨己,小人求诸人。"(《卫灵公》第十五)

子曰:"君子和⑩而不同⑪,小人同而不和。"(《子路》第十三)

子曰:"君子周⑫而不比⑬,小人比而不周。"(《为政》第二)

子曰:"君子泰⑭而不骄⑮,小人骄而不泰。"(《子路》第十三)

子曰:"君子易事⑯而难说⑰也。说之不以道⑱,不说也;及其使人⑲也,器之⑳。小人难事而易说也。说之虽不以道,说也;及其使人也,求备焉㉑。"(《子路》第十三)

---

①怀德:一心想修持德行操守。怀,存心,以下皆同。 ②怀土:一心想拥有田土产业。 ③怀刑:一心想着刑法的可畏。 ④怀惠:一心想获得好处。惠,恩惠。 ⑤成:助成、成全。 ⑥美:善。 ⑦反是:与此相反。是,此。 ⑧求:责求。 ⑨诸:"之于"的合音。 ⑩和:调和彼此,与人和谐相处。 ⑪同:苟同,委曲自己服从别人。 ⑫周:普遍,有一视同仁、不偏私的意思。 ⑬比(bì):偏党,有勾结营私的意思。 ⑭泰:安详舒泰。一说通达也。 ⑮骄:骄傲凌人。 ⑯事:服事。 ⑰说(yuè):通"悦",取悦,讨好。 ⑱道:正当之道。 ⑲使人:用人。 ⑳器之:衡量人的才能而加以任用。 ㉑求备焉:对所用的人责求完备。

子曰:"君子不可小知①,而可大受②也;小人不可大受,而可小知也。"(《卫灵公》第十五)

子曰:"君子坦荡荡③,小人长戚戚④。"(《述而》第七)

(三)刚毅与好恶

子曰:"吾未见刚者⑤。"或对曰:"申枨⑥。"子曰:"枨也欲⑦,焉得刚?"(《公冶长》第五)

子曰:"三军⑧可夺⑨帅也,匹夫⑩不可夺志也。"(《子罕》第九)

子曰:"岁寒,然后知松柏之后彫⑪也。"(《子罕》第九)

子曰:"唯仁者能好⑫人,能恶⑬人。"(《里仁》第四)

子曰:"众恶⑭之,必察⑮焉;众好⑯之,必察焉。"(《卫灵公》

---

①小知:小事上受人赏识。 ②大受:承受重任。 ③坦荡荡:坦,舒坦。荡荡,宽广的样子。 ④长戚戚:长,长久。戚戚,忧虑的样子。 ⑤刚者:坚毅不屈的人。 ⑥申枨(chéng):姓申,名枨,字周,一作子周,鲁国人。 ⑦欲:多嗜欲。 ⑧三军:古代一万二千五百人为一军,周代大国可以有三军,次国二军,小国一军。其后三军遂成为军队的通称。 ⑨夺:夺取。 ⑩匹夫:一个平民。 ⑪后彫:即不凋落。李泽厚《论语今读》:"后凋"之"后"应训解为"不",古人用"后"代"不",措辞婉约也。彫,通"凋",凋落。 ⑫能好人:能公正地喜爱好人。好(hào),作动词用。 ⑬能恶人:能公正地厌恶坏人。恶(wù),作动词用。 ⑭恶(wù):厌恶。 ⑮察:仔细地探察。 ⑯好(hào):喜爱。

第一单元

第十五）

　　孔子曰："益者三乐①，损者三乐：乐节礼乐②、乐道人之善、乐多贤友，益矣；乐骄乐③、乐佚游、乐宴乐④，损矣。"（《季氏》第十六）

　　子贡曰："君子亦有恶⑤乎？"子曰："有恶。恶称人之恶⑥者；恶居下流而讪上⑦者；恶勇而无礼者；恶果敢而窒⑧者。"曰："赐也，亦有恶乎？""恶徼以为知⑨者；恶不孙以为勇⑩者；恶讦以为直⑪者。"（《阳货》第十七）

---

①益者三乐：对人有益的爱好有三种。乐(lè)，爱好。　　②节礼乐(yuè)：礼乐有节，得其中和。　　③骄乐（lè）：以骄佚为乐。　　④宴乐：酒食之乐。　　⑤恶：厌恶。　　⑥称人之恶(è)：宣扬人的过错。恶，过错。　　⑦居下流而讪上：在下位而诽谤在上位者。下流，下位，与今语"卑鄙下流"的意义不同。讪（shàn），谤毁。　　⑧果敢而窒：果决勇敢但不通事理。窒，窒塞不通。　　⑨徼以为知：抄袭人说以为自己有智慧。徼(jiǎo)，抄袭。知，通"智"。　　⑩不孙以为勇：把不谦逊当作是勇敢。孙，通"逊"。　　⑪讦（jié）以为直：把攻击别人的隐私当作正直。

第二单元 声律启蒙

阅读提示

　　《声律启蒙》是清代学者车万育所编的一部谈诗韵的著作，是儿童吟诗作对的启蒙读物，在众多同类作品中，因其内容丰富平实、言语典雅活泼而独树一帜。其内容按韵分编，包括天文、地理、花木、鸟兽、人物、器物、成语、典故、史实等的虚实对应，从单字对到双字对、三字对、五字对、七字对、十一字对，文辞优美，节奏明快，琅琅上口，从中可以得到语音、词汇、修辞的训练，对于不同文化程度的读者了解、欣赏、学习、掌握对联这种文学形式很有帮助。此外，书中大量集典，有利于读者迅速掌握一定数量的史实典故，具有较强的可读性。

卷　上

一　东

　　云对雨，雪对风，晚照对晴空。来鸿对去燕，宿鸟对鸣虫。三尺剑①，六钧弓②，岭北对江东。人间清暑殿，天上广寒宫。两

---

①三尺剑：汉高祖刘邦曾说"吾以布衣提三尺剑取天下"。　②六钧弓：指用强力才能拉开的弓。钧，古代重量单位，三十斤为钧。

岸晓烟杨柳绿，一园春雨杏花红。两鬓风霜，途次早行之客；一蓑烟雨，溪边晚钓之翁。

沿对革，异对同，白叟对黄童。江风对海雾，牧子对渔翁。颜巷陋①，阮途穷②，冀北对辽东。池中濯足③水，门外打头风。梁帝讲经同泰寺，汉皇置酒未央宫。尘虑萦心，懒抚七弦绿绮⑤；霜华满鬓，羞看百炼青铜。

贫对富，塞对通，野叟对溪童。鬓皤⑥对眉绿，齿皓对唇红。天浩浩，日融融，佩剑对弯弓。半溪流水绿，千树落花红。野渡燕穿杨柳雨，芳池鱼戏芰⑦荷风。女子眉纤，额下现一弯新月⑧；男儿气壮，胸中吐万丈长虹⑨。

二 冬

春对夏，秋对冬，暮鼓对晨钟，观山对玩水，绿竹对苍松。冯妇⑩虎，叶公⑪龙，舞蝶对鸣蛩⑫。衔泥双紫燕，课蜜几黄蜂。春日园中莺恰恰⑬，秋天塞外雁雍雍⑭。秦岭云横，迢递⑮八千远路；巫山雨洗，嵯峨⑯十二危峰。

---

①颜巷陋：《论语·雍也》载，"子曰：'贤哉回也，一箪食，一瓢饮，在陋巷，人不堪其忧，回也不改其乐。贤哉，回也！'"颜渊，又名颜回，孔子弟子。 ②阮途穷：《晋书·阮籍传》："阮籍率意独驾，不由径路，车迹所穷，辄恸哭而反。" ③濯：洗涤。 ④尘虑：凡俗之念也。 ⑤绿绮：晋傅玄《琴赋序》载，"楚庄王有琴曰绕梁，司马相如有琴曰绿绮，蔡邕有琴曰焦尾，皆名器也"。 ⑥皤：白色。 ⑦芰(jì)：古书上指菱。一说水果两角为菱，四角为芰。 ⑧新月：指农历月初时形状如钩的月亮。 ⑨长虹：雨气。 ⑩冯妇：人名，《孟子·尽心下》载，"晋人有冯妇者，善搏虎，卒为善士"。 ⑪叶公：《庄子》载，叶公子高好画龙，天龙闻而下窥，叶公惊走。非好龙者，好似龙者也。 ⑫蛩(qióng)：本作䂼，一名蟋蟀，一名促织，今通作蛩。 ⑬恰恰：婉转状。 ⑭雍雍：和谐貌。 ⑮迢递：遥远。 ⑯嵯峨：山高貌。

明对暗，淡对浓，上智对中庸①。镜奁对衣笥②，野杵对村春③。花灼烁，草蒙茸④，九夏对三冬⑤。台高名戏马⑥，斋小号蟠龙。手擘蟹螯⑦从毕卓，身披鹤氅⑧自王恭。五老峰高，秀插云霄如玉笔；三姑石大，响传风雨若金镛⑨。

仁对义，让对恭，禹舜对羲农。雪花对云叶，芍药对芙蓉。陈后主，汉中宗，绣虎对雕龙。柳塘风淡淡，花圃月浓浓。春日正宜朝看蝶，秋风那更夜闻蛩。战士邀功，必借干戈成勇武；逸民⑩适志，须凭诗酒养疏慵⑪。

三　江

楼对阁，户对窗，巨海对长江。蓉裳对蕙帐，玉斝对银釭⑫。青布幔⑬，碧油幢，宝剑对金缸。忠心安社稷⑭，利口覆家邦。世祖中兴延马武，桀王失道杀龙逄。秋雨潇潇，熳烂黄花都满径；春风袅袅，扶疏绿竹正盈窗。

旌对旆⑮，盖对幢，故国对他邦。千山对万水，九泽对三江。山岌岌，水淙淙，鼓振对钟撞。清风生酒舍，皓月照书窗。阵上倒戈辛纣战，道旁系剑子婴降。夏日池塘，出没浴波鸥对对；春

---

①上智：智力特出的人。　②奁(lián)：妇女梳妆用的镜匣。笥(sì)：盛衣服的方形竹器。　③杵：用以捣物的木棒。舂：古代称为碓，舂米的器具。　④灼烁：光皎貌。蒙茸：草乱貌。　⑤九夏：夏天的九十天。三冬：三个月的冬季。　⑥戏马：驰马取乐。　⑦蟹螯(xiè áo)：《世说》载，晋毕卓嗜酒，语人曰：左手擘蟹螯，右手执酒杯，乐足一生矣。　⑧鹤氅(hè chǎng)：用鹤的羽毛制成的披风。《晋书·王恭传》载，王恭尝披鹤氅行雪中，孟昶见曰：此真神仙中人也。　⑨镛：大钟，古乐器，奏乐时用来表示节拍。　⑩逸民：指避世隐居的人。　⑪疏慵：懒散。　⑫斝(jiǎ)：古代盛酒器具，圆口，三足。釭：油灯。　⑬幔：布帐。　⑭社稷：祭土神与谷神的神坛。后用以代指国家　⑮旌：古代的一种旗子，旗杆顶上用五色羽毛做装饰。旆(pèi)：古时末端形状像燕尾的旗。

风帘幕,往来营垒燕双双。

铢对两①,只对双,华岳对湘江②。朝车对禁鼓③,宿火对塞缸。青琐闼,碧纱窗,汉社对周邦。笙箫鸣细细,钟鼓响枞枞④。主簿栖鸾名有览,治中展骥姓惟庞。苏武牧羊,雪屡餐于北海;庄周活鲋,水必决于西江。

四 支

茶对酒,赋对诗,燕子对莺儿。栽花对种竹,落絮对游丝。四目颉⑤,一足夔⑥,鸲鹆对鹭鸶。半池红菡萏⑦,一架白荼蘼⑧。几阵秋风能应候,一犁春雨甚知时。智伯恩深,国士吞变形之炭⑨;羊公德大,邑人竖堕泪之碑⑩。

行对止,速对迟,舞剑对围棋。花笺对草字,竹简对毛锥⑪。汾水鼎,岘山碑,虎豹对熊罴⑫。花开红锦绣,水漾碧琉璃。去妇因探邻舍枣,出妻为种后园葵。笛韵和谐,仙管恰从云里降;橹声咿轧⑬,渔舟正向雪中移。

戈对甲,鼓对旗,紫燕对黄鹂。梅酸对李苦,青眼对白眉。三弄笛,一围棋,雨打对风吹。海棠春睡早,杨柳昼眠迟。张骏

---

①铢:古代衡制单位。两之二十四分之一为一铢。 ②华岳:即西岳华山,在今陕西华阴县。湘江:湖南境内第一大江。 ③朝车:古时朝廷所用之车。禁鼓:古时宫禁所用之鼓,用以报时。 ④枞枞(chuāng):敲击。 ⑤四目:《姓氏谱》载,"苍颉,上古人,生而神圣,有四目"。 ⑥一足:《孔丛子·论书》载,"鲁哀公问孔子曰:'吾闻夔一足,有异于人,信乎?'子曰:'昔重犁举夔而进,欲求人佐焉。舜曰:一夔足矣。非言止一足也。'公曰:'善'"。 ⑦菡萏:荷花别名。 ⑧荼蘼:落叶小灌木,花白色,有香气,供观赏。 ⑨吞炭:《史记·刺客列传》载,赵襄子杀智伯,豫让欲为主报仇,乃吞炭为哑,漆身为癞,使襄子不备。 ⑩堕泪:《晋书·羊祜传》载,羊祜字叔子,武帝时镇荆州,甚得民心。死葬岘(xiàn)山,"(百姓)望其碑者莫不流涕,杜预因名为堕泪碑"。 ⑪毛锥:指毛笔。 ⑫罴:即马熊。 ⑬咿轧:摇橹所发之声。

曾为槐树赋，杜陵不作海棠诗。晋士特奇，可比一斑之豹；唐儒博识，堪为五总之龟。

五　微

来对往，密对稀，燕舞对莺飞。风清对月朗，露重对烟微。霜菊瘦，雨梅肥，客路对渔矶。晚霞舒锦绣，朝露缀珠玑。夏暑客思欹石枕①，秋寒妇念寄边衣。春水才深，青草岸边渔父去；夕阳半落，绿莎原上牧童归②。

宽对猛，是对非，服美对乘肥。珊瑚对玳瑁，锦绣对珠玑。桃灼灼，柳依依绿暗对红稀。窗前莺并语，帘外燕双飞。汉致太平三尺剑，周臻大定一戎衣③。吟成赏月之诗，只愁月堕；斟满送春之酒，惟憾春归。

声对色，饱对饥，虎节对龙旗④。杨花对桂叶，白简对朱衣⑤。尨也吠⑥，燕于飞，荡荡对巍巍。春暄资日气，秋冷借霜威。出使振威冯奉世，治民异等尹翁归。燕我弟兄⑦，载咏棣棠韡韡；命伊将帅，为歌杨柳依依。

六　鱼

无对有，实对虚，作赋对观书。绿窗对朱户，宝马对香车。伯乐马，浩然驴，弋雁对求鱼。分金齐鲍叔，奉璧蔺相如。掷地金声孙绰赋，回文锦字窦滔书。未遇殷宗，胥靡困傅岩之筑；既逢周后，太公舍渭水之渔。

---

①欹：斜，倾侧。　②莎：莎草。　③戎衣：军服。　④虎节：雕刻成虎头形的符节。　⑤白简：古代御史有所奏劾，使用白简。　⑥尨(máng)：多毛狗。
⑦燕：疑为宴，《棠棣》本宴乐兄弟之篇。

终对始，疾对徐，短褐对华裾①。六朝对三国②，天禄对石渠。千字策③，八行书④，有若对相如⑤。花残无戏蝶，藻密有潜鱼。落叶舞风高复下，小荷浮水卷还舒。爱见人长，共服宣尼休假盖⑥；恐彰己吝，谁知阮裕竟焚车。

麟对凤，鳖对鱼，内史对中书⑦。犁锄对耒耜⑧，畎浍对郊墟⑨。犀角带⑩，象牙梳，驷马对安车。青衣能报赦，黄耳解传书⑪。庭畔有人持短剑，门前无客曳长裾。波浪拍船，骇舟人之水宿；峰峦绕舍，乐隐者之山居。

七　虞

金对玉，宝对珠，玉兔对金乌。孤舟对短棹⑫，一雁对双凫⑬。横醉眼，捻吟须，李白对杨朱。秋霜多过雁，夜月有啼乌。日暖园林花易赏，雪寒村舍酒难沽。人处岭南，善探巨象口中齿；客居江右⑭，偶夺骊龙颔下珠⑮。

---

①褐：用粗毛或未绩的麻制成的衣服，古时为贫苦人所穿。裾：衣服的前后襟。　②六朝：《历代都会考》载，吴始都于建业（今南京），后东晋、宋、齐、梁、陈相继建都于此，号六朝。三国：蜀、魏、吴。　③千字策：《文献通考》载，唐代临轩试以试赋，至宋始定策试之制，限以千字。　④八行书：唐孟浩然诗"家书寄八行"。　⑤有若：孔子弟子，鲁人，状似孔子。　⑥宣尼：孔子字仲尼，后代尊为大成至圣文宣王。假盖：犹言"借伞"，《孔子家语》载：孔子将出而雨，门人曰：'商有盖，请假盖焉。'孔子曰：'商为人，短于才，吾闻与人教者，推长而违短，故久。'　⑦内史：即舍人官。宋苏轼《谢中书舍人表》载，"右史记言，已尘高选；西垣视草，复玷近班"。中书：《广事类赋》载，"唐侍中书令，乃真宰相，以他官奉掌者无定"。中书本为官名，明清时，于内阁置中书若干人，掌撰拟、记载、翻译、缮写等职。　⑧耒耜(sì)：古代农具，形状像木叉。　⑨畎浍：田间的小水沟。浍，广二寻，深二仞。墟：村墟。　⑩犀角带：明代诸司职掌朝服革带，二品用犀角。　⑪黄耳：《述异记》载，"陆机在洛阳，有犬名黄耳，能寄书抵家"。　⑫棹：舟。　⑬凫(fú)：野鸭。　⑭江左：指长江下游以西地区。　⑮骊珠：《庄子·列御寇》载，河上翁有子，没渊得千金之珠，翁曰：此珠在骊龙颔下，子能得珠者，遭其睡耳；使寤，子尚奚有哉！

贤对圣，智对愚，傅粉对施朱。名缰对利锁，挈榼对提壶①。鸠哺子，燕调雏。石帐对郇厨。烟轻笼岸柳，风急撼庭梧。鸜眼一方端石砚，龙涎三炷博山垆。曲沼鱼多，可使渔人结网②；平田兔少，漫劳耕者守株③。

秦对赵，越对吴，钓客对耕夫。箕裘对杖履④，杞梓对桑榆⑤。天欲晓，日将晡⑥，狡兔对妖狐。读书甘刺股⑦，煮粥惜焚须。韩信武能平四海，左思文足赋三都。嘉遁幽人，适志竹篱茅舍；胜游公子⑧，玩情柳陌花衢⑨。

八　齐

岩对岫，涧对溪，远岸对危堤。鹤长对凫短⑩，水雁对山鸡。星拱北，月流西，汉露对汤霓。桃林牛已放⑪，虞坂马长嘶⑫。叔侄去官闻广受，弟兄让国有夷齐。三月春浓，芍药丛中蝴蝶舞；五更天晓，海棠枝上子规啼。

云对雨，水对泥，白璧对玄圭。献瓜对投李，禁鼓对征鼙⑬。徐稚榻，鲁班梯，凤翥对鸾栖⑭。有官清似水，无客醉如泥。截发惟闻陶侃母，断机只有乐羊妻。秋望佳人，目送楼头千里雁；早行远客，梦惊枕上五更鸡。

---

①榼(kē)：酒樽。　②结网：《董策》载，"临川羡鱼，不如退而结网"。　③守株：《韩非子·五蠹》载，宋耕者见兔走触田中株死，因释耕守株下，冀复得兔。　④杖履：敬老之词。　⑤杞梓：两种材质较坚细的木材。喻优秀人才。桑榆：农村常见的两种树木。喻日暮和晚年。　⑥晡：申时，下午三时至五时。　⑦刺股：《战国策·秦策》载，苏秦说秦不行，乃夜读书，欲睡，则引锥自刺其股，血流至足。⑧胜游：快乐的游玩。　⑨衢：四通八达的大街。　⑩鹤长、凫短：《庄子·骈拇》载，鹤胫虽长，断之则悲；凫胫虽短，续之则忧。　⑪桃林：《周书》载，武王克商，归马华山之阳，放牛桃林之野。　⑫虞坂：地名，在今山西平陆县境内。《韩非子》载，"骐骥困盐车，负而上虞坂，顾伯乐而长鸣，知其识己也"。　⑬禁鼓：宫廷中之鼓。鼙(pí)：战鼓。　⑭翥(zhù)：高飞之意。

熊对虎，象对犀，霹雳对虹霓。杜鹃对孔雀，桂岭对梅溪。萧史凤，宋宗鸡，远近对高低。水寒鱼不跃，林茂鸟频栖。杨柳和烟彭泽县，桃花流水武陵溪。公子追欢，闲骤玉骢游绮陌①；佳人倦绣，闷欹珊枕掩香闺②。

九　佳

河对海，汉对淮，赤岸对朱崖。鹭飞对鱼跃，宝钿对金钗。鱼圉圉③，鸟喈喈④，草履对芒鞋⑤。古贤尝笃厚，时辈喜诙谐。孟训文公谈性善，颜师孔子问心斋。缓抚琴弦，像流莺而并语；斜排筝柱⑥，类过雁之相挨。

丰对俭，等对差，布袄对荆钗。雁行对鱼阵，榆塞对兰崖⑦。挑荠女⑧，采莲娃⑨，菊径对苔阶。诗成六义备⑩，乐奏八音谐⑪。造律吏哀秦法酷⑫，知音人说郑声哇⑬。天欲飞霜，塞上有鸿行已过；云将作雨，庭前多蚁阵先排。

城对市，巷对街，破屋对空阶。桃枝对桂叶，砌蚓对墙蜗⑭。梅可望⑮，橘堪怀⑯，季路对高柴⑰。花藏沽酒市，竹映读书斋。马首不容孤竹扣，车轮终就洛阳埋。朝宰锦衣，贵束乌犀之带；宫人宝髻⑱，宜簪白燕之钗。

---

①玉骢：白马。　②珊枕：珊瑚作枕。　③圉圉（yǔ yǔ）：形容鱼刚入水时还未适应环境而局促不安的样子。　④喈喈：象声词，禽鸟鸣声。　⑤草履：草鞋。芒鞋：以芒草编成的草鞋。　⑥筝：即颂瑟，有四弦。　⑦榆塞：即榆溪塞，故址在今内蒙古准格尔旗。　⑧荠：俗呼乳浆菜。　⑨娃：女子之称。　⑩六义：赋、比、兴、风、雅、颂，为《诗经》之六义。　⑪八音：金、石、丝、竹、匏（páo）、土、革、木，系古时八类乐器。　⑫酷：残酷。　⑬哇：淫声。　⑭砌蚓：阶砌缝隙中的蚯蚓。蜗：蜗牛。　⑮望梅：《魏志》载，曹操军士大渴，无水，操曰：前有梅林，可止渴。士卒闻之遥望，而口中水出。　⑯怀橘：《三国志·陆绩传》载，陆绩五岁，袁术出橘，绩怀三枚，拜而堕地。曰：欲归遗母。术奇之。　⑰季路：字仲由，孔子弟子。高柴：孔子弟子。　⑱髻：妇人盘发。

十　灰

　　增对损，闭对开，碧草对苍苔。书签对笔架，两曜对三台。周召虎，宋桓魋，阆苑对蓬莱①。熏风生殿阁②，皓月照楼台。却马汉文思罢献，吞蝗唐太冀移灾③。照耀八荒，赫赫丽天秋日；震惊百里，轰轰出地春雷。

　　沙对水，火对灰，雨雪对风雷。书淫对传癖④，水浒对岩隈⑤。歌旧曲，酿新醅⑥，舞馆对歌台。春棠经雨放，秋菊傲霜开。作酒固难忘曲蘖，调羹必要用盐梅⑦。月满庾楼，据胡床而可玩；花开唐苑，轰羯鼓以奚催。

　　休对咎，福对灾，象箸对犀杯。宫花对御柳，峻阁对高台。花蓓蕾，草根荄⑧，剔藓对剜苔。雨前庭蚁闹，霜后阵鸿哀。元亮南窗今日傲，孙弘东阁几时开。平展青茵⑨，野外茸茸软草；高张翠幄⑩，庭前郁郁凉槐。

十一　真

　　邪对正，假对真，獬豸对麒麟⑪。韩卢对苏雁⑫，陆橘对庄

---

①阆苑、蓬莱：皆西王母仙境。　②熏风：和风。　③吞蝗：《唐书》载，唐太宗时蝗灾流行，乃取蝗自吞。曰："但当食朕心，毋害百姓。"蝗果去。　④书淫：《晋书·皇甫谧传》载，皇甫谧，字士安。博极群书，时号书淫。传癖：《晋书·杜预传》载，杜预，字元凯，好《左传》，谓之传癖。　⑤浒：江岸。隈：山或水弯曲之处。　⑥醅：未过滤之酒。　⑦曲蘖、盐梅：即酒曲与酸梅。　⑧根荄(gāi)：荄即根，一曰草木枯根。　⑨茵：褥。言草软如褥。　⑩幄：帐。言槐垂如帐。　⑪獬豸：古代传说中的异兽，能辨曲直，敢触邪恶。　⑫韩卢：狗名。《战国策·秦策》载，"以秦卒之勇，车骑之金，以当诸侯，譬若驰韩卢而逐蹇兔也"。苏雁：《汉书·苏武传》载，苏武在匈奴，修书系雁足，雁飞至汉苑，取之，乃知苏书。

椿。韩五鬼①，李三人②，北魏对西秦。蝉鸣哀暮夏，莺啭怨残春。野烧焰腾红烁烁，溪流波皱碧粼粼。行无踪，居无庐，颂成酒德；动有时，藏有节，论著钱神。

哀对乐，富对贫，好友对嘉宾。弹冠对结绶，白日对青春。金翡翠③，玉麒麟，虎爪对龙鳞。柳塘生细浪，花径起香尘。闲爱登山穿谢屐，醉思漉酒脱陶巾。雪冷霜严，倚槛松筠同傲岁④；日迟风暖，满园花柳各争春。

香对火，炭对薪，日观对天津。禅心对道眼，野妇对宫嫔。仁无敌，德有邻，万石对千钧⑤。滔滔三峡水，冉冉一溪冰。充国功名当画阁，子张言行贵书绅⑥。笃志诗书，思入圣贤绝域；忘情官爵，羞沾名利纤尘。

十二　文

家对国，武对文，四辅对三军。九经对三史，菊馥对兰芬⑦。歌北鄙⑧，咏南薰，迩听对遥闻。召公周太保，李广汉将军⑨。闻化蜀民皆草偃，争权晋土已瓜分。巫峡夜深，猿啸苦哀巴地月；衡峰秋早，雁飞高贴楚天云。

欹对正，见对闻，偃武对修文。羊车对鹤驾，朝旭对晚曛。花有艳，竹成文，马燧对羊欣。山中梁宰相，树下汉将军。施帐解围嘉道韫，当垆沽酒叹文君。好景有期，北岭几枝梅似雪；丰年先兆，西郊千顷稼如云。

---

①五鬼：韩愈《送穷文》中称命穷、智穷、学穷、文穷、交穷为"五穷鬼"。
②三人：李白《月下独酌》诗有"举杯邀明月，对影成三人"句。　③翡翠：鹬鸟。
④筠：竹外青皮，引申为竹子。　⑤石：四钧为石。钧：三十斤为钧。　⑥绅：带子。
⑦馥：香气。　⑧北鄙：音乐名。　⑨李广：西汉名将。

尧对舜，夏对殷，蔡惠对刘蕡。山明对水秀，五典对三坟。唐李杜，晋机云，事父对忠君。雨晴鸠唤妇，霜冷雁呼群。酒量洪深周仆射，诗才俊逸鲍参军。鸟翼长随，凤兮洵众禽长；狐威不假，虎也真百兽尊。

十三 元

幽对显，寂对喧，柳岸对桃源。莺朋对燕友，早暮对寒暄。鱼跃沼，鹤乘轩，醉胆对吟魂。轻尘生范甑，积雪拥袁门。缕缕轻烟芳草渡，丝丝微雨杏花村。诣阙王通，献太平十二策；出关老子，著道德五千言。

儿对女，子对孙，药圃对花村。高楼对邃阁，赤豹对玄猿。妃子骑，夫人轩，旷野对平原。鲍巴能鼓瑟，伯氏善吹埙。馥馥早梅思驿使，萋萋芳草怨王孙。秋夕月明，苏子黄岗游绝壁；春朝花发，石家金谷启芳园。

歌对舞，德对恩，犬马对鸡豚。龙池对凤沼，雨骤对云屯。刘向阁，李膺门，唳鹤对啼猿。柳摇春白昼，梅弄月黄昏。岁冷松筠皆有节，春喧桃李本无言。噪晚齐蝉，岁岁秋来泣恨；啼宵蜀鸟，年年春去伤魂。

十四 寒

多对少，易对难，虎踞对龙蟠①。龙舟对凤辇，白鹤对青鸾。风淅淅，露汍汍，绣毂对雕鞍。鱼游荷叶沼，鹭立蓼花滩。有酒

---

①虎踞：形容南京地势险要。相传汉末刘备使诸葛亮至金陵，谓孙权曰：秣陵地形，"钟山龙蟠，石城虎踞，此帝王之宅"（见晋代张勃《吴录》）。

阮貂奚用解，无鱼冯铗必须弹。丁固梦松，柯叶忽然生腹上；文郎画竹，枝梢倏尔长毫端。

寒对暑，湿对干，鲁隐对齐桓。寒毡对暖席，夜饮对晨餐。叔子带，仲由冠，郏鄏对邯郸。嘉禾忧夏旱，衰柳耐秋寒。杨柳绿遮元亮宅，杏花红映仲尼坛①。江水流长，环绕似青罗带；海蟾轮满，澄明如白玉盘。

横对竖，窄对宽。黑志对弹丸。朱帘对画栋，彩槛对雕栏。春既老，夜将阑。百辟对千官②。怀仁称足足，抱义美般般。好马君王曾市骨，食猪处士仅思肝。世仰双仙，元礼舟中携郭泰；人称连璧，夏侯车上并潘安。

十五　删

兴对废，附对攀，露草对霜菅③。歌廉对借寇，习孔对希颜④。山垒垒，水潺潺，奉璧对探镮。礼由公旦作，诗本仲尼删⑤。驴困客方经灞水，鸡鸣人已出函关。几夜霜飞，已有苍鸿辞北塞；数朝雾暗，岂无玄豹隐南山。

犹对尚，侈对悭，雾鬓对烟鬟。莺啼对鹊噪，独鹤对双鹇⑥。黄牛峡⑦，金马山⑧，结草对衔环⑨。昆山惟玉集，合浦有珠还。

---

①杏坛：孔子设教于杏坛。　②百辟：诸侯，也泛指百姓。《诗经》载，"式是百辟"。③菅：芒麻。　④希颜：效法颜回。　⑤删诗：《备考》云，古者《诗》本三千余篇，孔子删为三百一十篇。　⑥双鹇：黑白鹇鸟。《西京杂记》载，"越王献高帝白鹇黑鹇各一只"。　⑦黄牛峡：在湖北宜昌市西，又名黄牛山。　⑧金马山：《广舆记》载，在四川成都府崇宁县，上有金马碧鸡神祠。　⑨结草：《列国传》载，晋魏颗父武子有嬖妾，武子病，命颗曰：我死，嫁此妾。病笃，又曰：杀以殉葬。及死，颗曰：宁从治命，嫁之。后秦晋战，颗见老人结草以抗杜回，回颠，颗获之。夜梦老人云：我乃妾之父也，报子从治命而不从乱命耳！衔环：《后汉书·杨震列传》载，杨宝（杨震父）收一被创黄雀，医而放之。一日化为黄衣年少，衔玉环一双以报之。

阮籍旧能为眼白，老莱新爱着衣斑。栖迟避世人，草衣木食；窈窕倾城女，云鬟花颜。

姚对宋①，柳对颜②，赏善对惩奸。愁中对梦里，巧慧对痴顽。孔北海③，谢东山④，使越对征蛮。淫声闻濮上，离曲听阳关。骁将袍披仁贵白，小儿衣着老莱斑。茅舍无人，难却尘埃生榻上；竹亭有客，尚留风月在窗间。

卷 下

一 先

晴对雨，地对天，天地对山川。山川对草木，赤壁对青田。郏鄏鼎，武城弦，木笔对苔钱。金城三月柳，玉井九秋莲。何处春朝风景好，谁家秋夜月华圆。珠缀花梢，千点蔷薇香露；练横树杪，几丝杨柳残烟。

前对后，后对先，众丑对孤妍。莺簧对蝶板⑤，虎穴对龙渊。击石磬，观韦编⑥，鼠目对鸢肩。春园花柳地，秋沼芰荷天。白羽频挥闲客坐，乌纱半坠醉翁眠。野店几家，羊角风摇沽酒斾；长川一带，鸭头波泛卖鱼船。

离对坎，震对乾，一日对千年。尧天对舜日，蜀水对秦川。苏武节⑦，郑虔毡，涧壑对林泉。挥戈能退日，持管莫窥天。寒食

---

①姚、宋：唐姚崇与宋璟齐名。　②柳、颜：柳公权、颜真卿皆善书，人称颜筋柳骨。　③孔北海：孔融字文举，为北海相。　④谢东山：谢安，晋相，号东山。　⑤莺簧：谓莺啭如笙簧。蝶板：谓蝶两翅如拍板。　⑥韦编：孔子读《易》，由于翻阅过多，致使"韦编三绝"。　⑦苏节：苏武出使匈奴，被扣留十九年，持节不降。

芳辰花烂熳，中秋佳节月婵娟。梦里荣华，飘忽枕中之客；壶中日月，安闲市上之仙。

二　萧

恭对慢，吝对骄，水远对山遥。松轩对竹槛，雪赋对风谣。乘五马，贯双雕，烛灭对香消。明蟾常彻夜，骤雨不终朝。楼阁天凉风飒飒，关河地隔雨潇潇。几点鹭鸶，日暮常飞红蓼岸；一双鸿濑，春朝频泛绿杨桥。

开对落，暗对昭，赵瑟对虞韶。轺车对驿骑，锦绣对琼瑶。羞攘臂，懒折腰，范甑对颜瓢。寒天鸳帐酒，夜月凤台箫。舞女腰肢杨柳软，佳人颜貌海棠娇。豪客寻春，南陌草青香阵阵；闲人避暑，东堂蕉绿影摇摇。

班对马，董对晁，夏昼对春宵。雷声对电影，麦穗对禾苗。八千路，廿四桥，总角对垂髫①。露桃匀嫩脸，风柳舞纤腰。贾谊赋成伤鵩鸟②，周公诗就托鸱鸮。幽寺寻僧，逸兴岂知俄尔尽；长亭送客，离魂不觉黯然消。

三　肴

风对雅③，象对爻，巨蟒对长蛟。天文对地理，蟋蟀对螵蛸④。龙夭矫，虎咆哮，北学对东胶。筑台须垒土，成屋必诛茅。潘岳不忘秋兴赋，边韶常被昼眠嘲。抚养群黎，已见国家隆治；滋生万物，方知天地泰交。

---

①总角：总角垂髫，皆发未成也。　②鵩鸟：鵩，不祥之鸟，即猫头鹰。一日集贾谊座，谊伤之，作《鵩鸟赋》。　③风雅：《诗经》分风、雅、颂。　④螵蛸：海螵蛸，一名乌贼鱼。一说指螳螂的卵块。

蛇对虺①，蜃对蛟，麟薮对鹊巢。风声对月色，麦穗对桑苞。何妥难，子云嘲，楚甸对商郊。五音惟耳听，万虑在心包。葛被汤征因雠饷，楚遭齐伐责包茅。高矣若天，洵是圣人大道；淡而如水，实为君子神交。

牛对马，犬对猫，旨酒对嘉肴。桃红对柳绿，竹叶对松梢。藜杖叟，布衣樵，北野对东郊。白驹形皎皎，黄鸟语交交。花圃春残无客到，柴门夜永有僧敲。墙畔佳人，飘扬竞把秋千舞；楼前公子，笑语争将蹴鞠抛。

四　豪

琴对瑟，剑对刀，地迥对天高。峨冠对博带②，紫绶对绯袍③。煎异茗④，酌香醪⑤，虎兕对猿猱⑥。武夫攻骑射，野妇务蚕缫。秋雨一川淇澳竹，春风两岸武陵桃。螺髻青浓⑦，楼外晚山千仞；鸭头绿腻⑧，溪中春水半篙。

刑对赏，贬对褒，破斧对征袍。梧桐对橘柚，枳棘对蓬蒿。雷焕剑，吕虔刀，橄榄对葡萄。一椽书舍小，百尺酒楼高。李白能诗时秉笔，刘伶爱酒每饷糟。礼别尊卑，拱北众星常灿灿；势分高下，朝东万水自滔滔。

瓜对果，李对桃，犬子对羊羔。春分对夏至，谷水对山涛。双凤翼，九牛毛，主逸对臣劳。水流无限阔，山耸有余高。雨打村童新牧笠，尘生边将旧征袍。俊士居官，荣列鹓鸿之序；忠臣报国，誓殚犬马之劳。

---

①虺(huǐ)：古书上说的一种毒蛇。　②峨：高。博：大。　③绯：红色。　④茗：茶一曰茗。　⑤醪：酒。　⑥兕(sì)：雌的犀牛。猱：猴。　⑦螺髻：螺壳状的发髻。　⑧腻：浓。

五 歌

山对水，海对河，雪竹对烟萝。新欢对旧恨，痛饮对高歌。琴再抚，剑重磨，媚柳对枯荷。荷盘从雨洗，柳线任风搓。饮酒岂知欹醉帽，观棋不觉烂樵柯。山寺清幽，直踞千寻云岭；江楼宏敞，遥临万顷烟波。

繁对简，少对多，里咏对途歌。宦情对旅况，银鹿对铜驼。刺史鸭，将军鹅，玉律对金科。古堤垂亸柳①，曲沼长新荷。命驾吕因思叔夜，引车蔺为避廉颇。千尺水帘，今古无人能手卷；一轮月镜，乾坤何匠用功磨。

霜对露，浪对波，径菊对池荷。酒阑对歌罢，日暖对风和。梁父咏，楚狂歌，放鹤对观鹅。史才推永叔，刀笔仰萧何。种橘犹嫌千树少，寄梅谁信一枝多。林下风生，黄发村童推牧笠；江头日出，皓眉溪叟晒渔蓑。

六 麻

松对柏，缕对麻，蚁阵对蜂衙。赪鳞对白鹭②，冻雀对昏鸦。白堕酒③，碧沉茶④，品笛对吹笳。秋凉梧堕叶，春暖杏开花。雨长苔痕侵壁砌，月移梅影上窗纱。飒飒秋风，度城头之筚篥⑤；迟迟晚照，动江上之琵琶。

优对劣，凸对凹，翠竹对黄花。松杉对杞梓，菽麦对桑麻。山不断，水无涯，煮酒对烹茶。鱼游池面水，鹭立岸头沙。百亩

---

①亸(duǒ)：下垂。　②赪：赤。　③白堕：酒名。　④碧沉：茶名。
⑤筚篥：少数民族管乐器，用以警马。

风翻陶令秫①,一畦雨熟邵平瓜。闲捧竹根②,饮李白一壶之酒;偶擎桐叶,啜卢仝七碗之茶。

吴对楚,蜀对巴,落日对流霞。酒钱对诗债,柏叶对松花。驰驿骑,泛仙槎③,碧玉对丹砂。设桥偏送笋,开道竟还瓜。楚国大夫沉汨水,洛阳才子谪长沙。书箧琴囊,乃士流活计;药炉茶鼎,实闲客生涯。

七 阳

高对下,短对长,柳影对花香。词人对赋客,五帝对三王④。深院落,小池塘,晚眺对晨妆。绛霄唐帝殿,绿野晋公堂。寒集谢庄衣上雪,秋添潘岳鬓边霜。人浴兰汤,事不忘于端午;客斟菊酒,兴常记于重阳。

尧对舜,禹对汤,晋宋对隋唐。奇花对异卉,夏日对秋霜。八叉手,九回肠,地久对天长。一堤杨柳绿,三径菊花黄⑤。闻鼓塞兵方战斗,听钟宫女正梳妆。春饮方归,纱帽半淹邻舍酒;早朝初退,衮衣微惹御炉香。

荀对孟,老对庄,禅柳对垂杨。仙宫对梵宇,小阁对长廊。风月窟,水云乡,蟋蟀对螳螂。暖烟香霭霭,寒烛影煌煌。伍了欲酬渔父剑,韩生尝窃贾公香。三月韶光,常忆花明柳媚;一年好景,难忘橘绿橙黄。

---

①陶令秫:秫,即今糯高粱。陶潜为彭泽令,种秫百亩。 ②竹根:酒杯名。桐叶:茶盏名。 ③仙槎(chá):昔有人寻河源,泛槎至天河,逢织女。 ④五帝:少昊、颛顼、高辛氏、尧、舜。三王:禹、汤、文武。 ⑤三径:三径指家园或隐士居所。

八　庚

深对浅，重对轻，有影对无声。蜂腰对蝶翅，宿醉对余酲。天北缺，日东生，独卧对同行。寒冰三尺厚，秋月十分明。万卷书容闲客览，一樽酒待故人倾。心侈唐玄，厌看霓裳之曲；意骄陈主，饱闻玉树之赓。

虚对实，送对迎，后甲对先庚。鼓琴对弹瑟，搏虎对骑鲸。金匼匝①，玉玎玲②，玉宇对金茎。花间双粉蝶，柳内几黄莺。贫里每甘藜藿味③，醉中厌听管弦声。肠断秋闺，凉气已侵重被冷；梦惊晓枕，残蟾犹照半窗明。

渔对猎，钓对耕，玉振对金声④。雉城对雁塞，柳袅对葵倾。吹玉笛，弄银笙，阮杖对桓筝。墨呼松处士，纸号楮先生。露浥好花潘岳县，风搓细柳亚夫营。抚动琴弦，遽觉座中风雨至；哦成诗句，应知窗外鬼神惊。

九　青

红对紫，白对青，渔火对禅灯。唐诗对汉史，释典对仙经。龟曳尾，鹤梳翎，月榭对风亭。一轮秋夜月，几点晓天星。晋士只知山简醉，楚人谁识屈原醒。绣倦佳人，慵把鸳鸯文作枕；吮毫画者，思将孔雀写为屏。

行对坐，醉对醒，佩紫对纡青。棋枰对笔架，雨雪对雷霆。狂蛱蝶，小蜻蜓，水岸对沙汀。天台孙绰赋，剑阁孟阳铭。传信

---

①金匼（kē）匝：马笼头。　②玉玎玲：玉石敲击声。　③藜藿：野菜。
④玉振、金声：《孟子·万章下》载，"孔子之谓集大成。"集大成者，金声而玉振之也"。后以喻声名广布。

子卿千里雁，照书车胤一囊萤。冉冉白云，夜半高遮千里月；澄澄碧水，宵中寒映一天星。

书对史，传对经，鹦鹉对鹡鸰。黄茅对白荻，绿草对青萍。风绕铎，雨淋铃，水阁对山亭。渚莲千朵白，岸柳两行青。汉代宫中生秀柞，尧时阶畔长祥蓂。一枰决胜，棋子分黑白；半幅通灵，画色间丹青。

十　蒸

新对旧，降对升，白犬对苍鹰。葛巾对藜杖，涧水对池冰。张兔网，挂鱼罾，燕雀对鹍鹏。炉中煎药火，窗下读书灯。织锦逐梭成舞凤，画屏误笔作飞蝇。宴客刘公，座上满斟三雅爵；迎仙汉帝，宫中高插九光灯①。

儒对士，佛对僧，面友对心朋。春残对夏老，夜寝对晨兴。千里马，九霄鹏，霞蔚对云蒸。寒堆阴岭雪，春泮水池冰。亚父愤生撞玉斗，周公誓死作金縢。将军元晖，莫怪人讥为饿虎；侍中卢昶，难逃世号作饥鹰。

规对矩，墨对绳，独步对同登。吟哦对讽咏，访友对寻僧。风绕屋，水襄陵，紫鹄对苍鹰。鸟寒惊夜月，鱼暖上春冰。杨子口中飞白凤，何郎鼻上集青蝇。巨鲤跃池，翻几重之密藻；颠猿饮涧，挂百尺之垂藤。

十一　尤

荣对辱，喜对忧，夜宴对春游。燕关对楚水，蜀犬对吴牛。

---

①九光：《汉武帝内传》载，汉武帝迎王母于宫中，燃九灯之光。

茶敌睡，酒消愁，青眼对白头。马迁修史记，孔子作春秋。适兴子猷常泛棹，思归王粲强登楼。窗下佳人，妆罢重将金插鬓；筵前舞妓，曲终还要锦缠头。

唇对齿，角对头，策马对骑牛。毫尖对笔底，绮阁对雕楼。杨柳岸，荻芦洲，语燕对啼鸠。客乘金络马，人泛木兰舟。绿野耕夫春举耜，碧池渔父晚垂钩。波浪千层，喜见蛟龙得水；云霄万里，惊看雕鹗横秋。

庵对寺，殿对楼。酒艇对渔舟。金龙对彩凤，獭豕对童牛。王郎帽，苏子裘。四季对三秋。峰峦扶地秀，江汉接天流。一湾绿水渔村小，万里青山佛寺幽。龙马呈河，羲皇阐微而画卦；神龟出洛，禹王取法以陈畴。

十二　侵

眉对目，口对心，锦瑟对瑶琴。晓耕对寒钓，晚笛对秋砧。松郁郁，竹森森，闵损对曾参。秦王亲击缶，虞帝自挥琴，三献卞和尝泣玉，四知杨震固辞金。寂寂秋朝，庭叶因霜摧嫩色；沉沉春夜，砌花随月转清阴。

前对后，古对今，野兽对山禽。犍牛对牝马①，水浅对山深。曾点瑟，戴逵琴，璞玉对浑金。艳红花弄色，浓绿柳敷阴。不雨汤王方剪爪，有风楚子正披襟。书生惜壮岁，韶华寸阴尺璧；游子爱良宵，光景一刻千金。

丝对竹，剑对琴，素志对丹心。千愁对一醉，虎啸对龙吟。

---

①犍牛：阉过的牛。牝马：母马。

子罕玉①，不疑金②，往古对来今。天寒邹吹律③，岁旱傅为霖④。渠说子规为帝魄⑤，侬知孔雀是家禽。屈子沉江，处处舟中争系粽；牛郎渡渚，家家台上竞穿针。

十三 覃

千对百，两对三，地北对天南。佛堂对仙洞，道院对禅庵。山泼黛，水浮蓝，雪岭对云潭。凤飞方翙翙⑥，虎视已眈眈⑦。窗下书生时讽咏，筵前酒客日耽酣。白草满郊，秋日牧征人之马；绿桑盈亩，春时供农妇之蚕。

将对欲，可对堪，德被对恩覃。权衡对尺度，雪寺对云庵。安邑枣，洞庭柑，不愧对无惭。魏征能直谏，王衍善清谈。紫梨摘去从山北，丹荔传来自海南。攘鸡非君子所为，但当月一；养狙是山公之智，止用朝三。

中对外，北对南，贝母对宜男。移山对浚井，谏苦对言甘。千取百，二为三，魏尚对周堪。海门翻夕浪，山市拥晴岚。新缔直投公子纻，旧交犹脱馆人骖。文达淹通，已咏冰兮寒过水；永和博雅，可知青者胜于蓝。

---

①子罕玉：《左传·襄公十五年》载，宋人献玉于子罕，子罕不受，曰：我以不贪为宝。 ②不疑金：《汉书·直不疑传》载，直不疑为郎，其同舍有告归，误持同舍郎金去。金主意不疑，疑即以己金偿之。后告归者来归金，前之亡金者大惭，以此称长者。 ③邹吹律：《韵略》载，"燕有寒谷，黍稷不生。邹衍吹律，暖气乃至，草木皆生"。 ④傅霖：《尚书·说命》载，商王武丁以傅说为相，对其曰：若岁大旱，用汝作霖雨。 ⑤渠：他。帝魄：见前十三元注。 ⑥翙翙：鸟羽飞动之声。《诗经·大雅·卷阿》载"凤凰于飞，翙翙其羽"。 ⑦眈眈：贪婪而凶狠地注视。《易》："颠颐吉，虎视眈眈，其欲逐逐，无咎。"

十四 盐

悲对乐，爱对嫌，玉兔对银蟾。醉侯对诗史，眼底对眉尖。风飘飘，雨绵绵，李苦对瓜甜。画堂施锦帐，酒市舞青帘。横槊赋诗传孟德，引壶酌酒尚陶潜。两曜迭明，日东生而月西出；五行式序，水下润而火上炎。

如对似，减对添，绣幕对朱帘。探珠对献玉，鹭立对鱼潜。玉屑饭，水晶盐，手剑对腰镰。燕巢依邃阁，蛛网挂虚檐。夺槊至三唐敬德，弈棋第一晋王恬。南浦客归，湛湛春波千顷净；西楼人悄，弯弯夜月一钩纤。

逢对遇，仰对瞻，市井对闾阎。投簪对结绶，握发对掀髯①。张绣幕，卷珠帘，石磴对江淹。宵征方肃肃，夜饮已厌厌。心褊小人长戚戚②，礼多君子屡谦谦③。美刺殊文，备三百五篇诗咏；吉凶异画，变六十四卦爻占。

十五 咸

清对浊，苦对咸，一启对三缄。烟蓑对雨笠，月榜对风帆。莺睍睆④，燕呢喃⑤，柳杞对松杉。情深悲素扇，泪痛湿青衫。汉室既能分四姓，周朝何用叛三监。破的而探牛心，豪矜王济；竖竿以挂犊鼻，贫笑阮咸。

能对否，圣对贤，卫瓘对浑瑊。雀罗对鱼网，翠巘对苍崖⑥。红罗帐，白布衫，笔格对书函。蕊香蜂竞采，泥软燕争衔。凶孽

---

①握发：《史记·鲁世家》载，周公"一沐三握发，一饭三吐哺，起以待士，犹恐失天下贤人"。掀髯：掀髯而笑。 ②戚戚：忧惧。 ③谦谦：谦逊。 ④睍睆(xiàn huǎn)：美好貌。 ⑤呢喃：燕语。 ⑥巘：高山。

誓清闻祖逖，王家能乂有巫咸。溪叟新居，渔舍清幽临水岸；山僧久隐，梵宫寂寞倚云岩。

冠对带，帽对衫，议鲠对言谗。行舟对御马，俗弊对民岩。鼠且硕，兔多毚①，史册对书缄。塞城闻奏角，江浦认归帆。河水一源形弥弥②，泰山万仞势岩岩③。郑为武公，赋缁衣而美德；周因巷伯，歌贝锦以伤谗。

---

①毚(chán)：狡猾。　　②弥弥：水深且满。　　③岩岩：高峻。

第三单元 诸子名言

阅读提示

　　热爱和重视读书学习,是中华民族的优秀传统,也是构建学习型社会的基本要求。本单元精选了读书学习方面的名言69则,分读书、勤学、好问、惜时、方法、力行六个部分。学习和运用这些名言,对于读者增强学养,提高素质,将大有裨益。

读书学习篇

一　读书

◇书犹药也,善读之可以医愚。

——刘向《说苑》

◇积财千万,无过读书。

——颜之推《颜氏家训》

◇世间何物贵,无价是诗书。

——王梵志《世间何物贵》

◇读书万卷始通神。

——苏轼《柳氏二甥求笔迹》

◇读书譬如饮食,从容咀嚼,其味必长;大嚼大咽,终不知味也。

——朱熹

◇外物之味，久则可厌；读书之味，愈久愈深，而不知厌也。

——薛瑄《读书录》

◇人家不必论贫富，才有读书声便佳。

——文徵明《绝句》

◇读未见书，如得良友；见已读书，如逢故人。

——金缨《格言联璧》

◇开卷有益，在乎用心。

——李蕊《兵镜》

◇一日不读书，胸臆无佳想；一月不读书，耳目失精爽。

——萧抡《读书有所见作》

◇少年读书，如隙中窥月；中年读书，如庭中望月；老年读书，如台上玩月。皆因阅历之浅深，为所得之浅深耳。

——张潮《幽梦影》

◇人不知书，其去禽兽者，仅及半耳。

——严复《救亡决论》

二 勤学

◇人一能之，己百之；人十能之，己千之。果能此道矣，虽愚必明，虽柔必强。

——《礼记·中庸》

◇疏则怠，怠则忘。

——《公羊传·桓公八年》

◇天生人也，而使其耳可以闻，不学，其闻不若聋；使其目可以见，不学，其见不若盲；使其口可以言，不学，其言不若爽；使其心可以知，不学，其知不若狂。

——《吕氏春秋·尊师》

◇强勉学问，则闻见博而知益明。

——《汉书·董仲舒传》

◇业精于勤荒于嬉,行成于思毁于随。

——韩愈《进学解》

◇积累之要,在专与勤。屏绝它好,始可谓之专;久而不倦,始可谓之勤。

——王岩叟《三朝名臣言行录》

◇力学如力耕,勤惰尔自知。但使书种多,会有发稔时。

——刘过《书院》

◇为学,正如撑上水船,一篙不可放缓。

——朱熹《朱子语类·辑略》

◇人才不甚相远,只看好学不好学、用心不用心耳。

——吕坤《呻吟语》

◇人之为学,不日进则日退。

——顾炎武《与人书一》

◇学业须从苦心厚力而得,恃天资而乏学力,自必无成。

——吴乔《围炉夜话》

三 好问

◇敏而好学,不耻下问。

——《论语·公冶长》

◇不学自知,不问自晓,古今之事,未之有也。

——王充《论衡》

◇博学切问,所以广知。

——黄石公《素书·求人之志》

◇君子不羞学,不羞问。问讯者知之本,念虑者知之道。

——刘向《说苑·说丛》

◇不能则学,不知则问,虽知必让,然后为知。

——韩婴《韩诗外传》

◇耻不知而不问，终于不知而已。

——程颢　程颐《二程集·粹言·论学篇》

◇不思故无惑，不求故无得，不问故不知。

——晁说之《晁氏客语》

◇博学而笃志，切问而近思。

——顾炎武《与友人论学书》

◇人多是耻于问人。假使今日问于人，明日胜于人，有何不可？

——《古今图书集成·学行典》

◇好问好察，圣所以益圣；冥行耻问，愚所以益愚。

——颜元

四　惜时

◇少而不学，长无能也。故君子少思其长而务学。

——《孔子家语·三恕》

◇时不可及，日不可留。

——《墨子·逸文》

◇吾生也有涯，而知也无涯。以有涯随无涯，殆已。

——《庄子·养生主》

◇圣人不贵尺之璧，而重寸之阴，时难得而易失也。

——刘安《淮南子·原道训》

◇时难得而易失也，学者勉之乎！

——贾谊《新书·劝学》

◇少则志一而难忘，长则神放而易失，故修学务早。

——葛洪《抱朴子·外篇》

◇时不可再，机不可失。

——《隋书·刘昉传》

◇白日莫空过，青春不再来。

——林宽《少年行》

◇少不勤苦，老必艰辛。

——林逋《省心录》

◇勿谓寸阴短，既过难再获。

——朱经《责己》

◇花有重开日，人无再少年。

——李光庭《乡言解颐·人部》

◇"因循"二字，误尽一身。

——申居郧《西岩赘语》

五　方法

◇工欲善其事，必先利其器。

——《论语·卫灵公》

◇学而不思则罔，思而不学则殆。

——《论语·为政》

◇心之官则思。思则得之，不思则不得也。

——《孟子·告子上》

◇欲知亿万，则审一二。

——《荀子·非相篇》

◇读书百遍，其义自见。

——《三国志·魏书·王朗传》

◇独学而无友，则孤陋而寡闻。盖须切磋，相起明也。

——葛洪《抱朴子·内篇》

◇综学在博，取之贵约。

——刘勰《文心雕龙·事类》

◇学贵心悟，守旧无功。

——张载《经学理窟·学大原》

◇读书无疑者，须教有疑；有疑者，却要无疑。到这里，方是长进。

——朱熹《朱子语类》

◇学莫善于自得，自得而后能化。

——方孝孺《送周琰入试序》

◇为学须是一鼓作气，间断便非学，所谓再而衰也。

——黄宗羲《宋元学案》

◇读书不知要领，劳而无功。知某书宜读而不得精校精注本，事倍功半。

——张之洞《书目答问·略例》

六　力行

◇博学之，审问之，慎思之，明辨之，笃行之。

——《礼记·中庸》

◇士虽有学，而行为本焉。

——《墨子·修身》

◇君子博学而日参省乎己，则知明而行无过矣。

——《荀子·劝学》

◇学而不能行，谓之病。

——《庄子·让王》

◇学者所以求治心也。学虽多而心不治，安以学为？

——司马光《学要》

◇学而不能成其业，用而不能行其学，则非学矣。

——程颢　程颐《二程集·粹言·论学篇》

◇论先后，知为先；论轻重，行为重。

——朱熹《朱子语类·辑略》

◇无有不行而可以言学者。

——王守仁《答顾东桥书》

第三单元

◇为学最要务实,知一理则行一理,知一事则行一事。

——薛瑄《读书录》

◇学者,学所以为人。

——黄宗羲《宋元学案》

◇力行,而后知之真。

——王夫之《四书训义》

◇学不足以修己治人,则为无用之学。

——方苞《年谱序》

第四单元 《幼学琼林》选读（下）

阅读提示

《幼学琼林》是用骈体文写成的，全书皆用对偶句，容易诵读，便于记忆。读本第二册选了10个部分，本册本单元再选7个部分，以日常起居、社会生活、花草虫鱼等为主，意在使读者对其有较全面的了解。

人 事

《大学》①首重夫明新②，小子③莫先于应对。其容固宜有度④，出言尤贵有章⑤。智欲圆⑥而行欲方⑦，胆欲大而心欲小。"阁下"、"足下"⑧，并称人之辞；"不佞"⑨、"鲰生⑩"，皆自谦之语。恕罪曰"原宥⑪"，惶恐曰"主臣⑫"。"大春元"、"大殿选"、"大会

---

①《大学》：原为《小戴礼记》书中的一章，从南宋时期起，和《中庸》、《论语》、《孟子》合在一起，称为"四书"，作为儒家的"经书"在社会上广泛流传。　②明新：即明德新民。　③小子：小学弟子，是古代老师对学生的称呼。　④度：法度，规定。　⑤章：章法，条理。　⑥智欲圆：知识要广博周备。圆，圆满，周全。　⑦方：端正，不苟且。　⑧阁下、足下：阁下，具有显赫的地位、尊严或价值的人。足下，下称上或同辈相称。　⑨不佞(nìng)：不才，没有才能。佞，有才智。　⑩鲰(zōu)生：小生。鲰，浅陋，愚昧。　⑪原宥(yòu)：原谅饶恕。　⑫主臣：本谓君臣，后来用来表示恭敬惶恐。

状"，举人之称不一；"大秋元"、"大经元"、"大三元"，士人之誉多殊。"大掾史①"，推美吏员；"大柱石②"，尊称乡宦③。

贺人入学④曰"云程发轫⑤"，贺新冠曰"元服加荣⑥"。贺人荣归，谓之"锦旋⑦"；作商得财，谓之"捆载⑧"。谦送礼曰"献芹⑨"，不受馈⑩曰"反璧⑪"。谢人厚礼曰"厚贶⑫"，自谦礼薄曰"菲仪⑬"。送行之礼，谓之"赆仪⑭"；拜见之赀⑮，名曰"贽敬⑯"。贺寿仪曰"祝敬⑰"，吊死礼曰"奠仪⑱"。请人远归曰"洗尘⑲"，携酒送行曰"祖饯⑳"。犒仆夫，谓之"旌使㉑"；演戏文，谓之"俳优㉒"。

谢人寄书，曰"辱承华翰㉓"；谢人致问，曰"多蒙寄声㉔"。望人寄信，曰"早赐玉音㉕"；谢人许物，曰"已获金诺㉖"。具名

---

①掾（yuàn）史：汉代以后，职权较重的长官有下属官员，分担各种事务，通称掾史。　②柱石：支梁的柱子和承受柱子的基石，比喻担负重任的人。　③乡宦：住在乡下的官宦，指原来担任过国家重任的人。　④入学：明、清童生经考试后进入府、州、县学里读书，称为"入学"，也称"进学"。　⑤云程发轫（rèn）：比喻前程远大。云程，青云万里的路程，比喻仕途。发轫，启程前进。轫是止住车轮转动的木头，车启行前必须先去掉轫，比喻事业的开端。　⑥荣：荣誉，良好的名声或社会名望。　⑦锦旋：即衣锦还乡。旋，归，还。　⑧捆（kǔn）载：用绳子捆束财物装在车上。捆，用绳捆扎。　⑨献芹：谦言自己赠送的礼品菲薄或建议浅陋。　⑩馈：赠送。这里指赠送的礼物。　⑪反璧：退还璧玉。　⑫厚贶（kuàng）：丰厚的赠礼。贶，赐予。　⑬菲仪：微薄的礼物。仪，礼物。　⑭赆（jìn）仪：赠送给出门远行的人路费或礼物。　⑮赀（zī）：通"资"，财货。　⑯贽敬：为表示敬意所送的礼品。　⑰祝敬：即"华封三祝"，原是祝颂之词，后来专指祝贺生辰的礼物。　⑱奠仪：送给办丧事人家的礼品。也指死者灵前的供品。　⑲洗尘：洗涤风尘。　⑳祖饯：即饯行，设宴送行。古人外出时常要祭祀路神，以保平安，称为"祖"。　㉑旌使：奖励使者。旌，表彰，奖励。　㉒俳（pái）优：古代从事乐舞谐戏的艺人。　㉓辱承华翰：承蒙寄来书信。辱，谦辞。承，捧着，接受。华翰，美好的文词。　㉔寄声：口头传达问候。　㉕玉音：佳音，对别人言辞的敬称。　㉖金诺：守信不渝的诺言。

帖，曰"投刺①"；发书函，曰"开缄②"。思慕③久曰"极切瞻韩④"，想望殷曰"久怀慕蔺⑤"。相识未真，曰"半面之识⑥"；不期而会，曰"邂逅⑦之缘"。"登龙门"，得参名士；"瞻山斗"⑧，仰望高贤。"一日三秋⑨"，言思慕之甚切；"渴尘万斛⑩"，言想望之久殷。

睽违⑪教命，乃云"鄙吝复萌⑫"；来往无凭，则曰"萍踪靡定⑬"。虞舜慕唐尧，见尧于羹，见尧于墙；门人学孔圣，孔步亦步，孔趋亦趋。曾经会晤，曰"向获承颜接辞⑭"；谢人指教，曰"深蒙耳提面命⑮"。求人涵容，曰"望包荒⑯"；求人吹嘘，曰"望汲引⑰"。求人荐引，曰"幸为先容⑱"；求人改文，曰"望赐郢斫⑲"。"借重鼎言⑳"，是托人言事；"望移玉趾"，是浼㉑人亲行。

---

①投刺：投递名帖求见。刺，古代在竹简上刺名字，所以称名片为"刺"。②缄(jiān)：书信。③思慕：怀念、追慕。④极切瞻韩：唐代韩朝宗，任荆州大都督府长史兼襄州刺史，人称"韩荆州"，他乐于识拔后进，受到当时人的推重。当时有"生不用封万户侯，但愿一识韩荆州"的说法。极切，急切，迫切。瞻，敬视。⑤慕蔺：钦慕贤者的意思。西汉辞赋家司马相如，仰慕战国时赵国大臣蔺相如的为人，把自己的名字也改为相如。蔺，指蔺相如。⑥半面之识：形容初相识或相识不深。东汉应奉记忆力非常强，有一个车匠曾经从门中露出半边脸看他，十几年后，应奉在路上见到车匠，一下子就认了出来。⑦邂逅：没有约定而相遇。⑧瞻山斗：仰望泰斗。瞻，仰慕。山斗，泰山和北斗的合称。⑨一日三秋：一天没有见面，就像隔了三年一样。秋，指一季或一年。⑩渴尘万斛(hú)：唐代卢仝拜访含曦上人没有见到，做了一首诗，诗中有"辘轳无人井百尺，渴心归去生尘埃"两句。意思是说，极想见您却没能如愿，这焦渴之心空对深井里的清水，回去后已干裂得满是尘埃了。古代以十斗为一斛，"万斛"是极言尘埃之多。⑪睽(kuí)违：分隔，离别。⑫鄙吝复萌：庸俗的念头又滋生了。鄙吝，这里指庸俗。萌，萌发。⑬萍踪靡定：行踪不定，像浮萍般四处漂浮。靡，无。⑭向获承颜接辞：从前获得机会有幸见面和交谈。向，从前。承颜，顺承尊长的脸色。⑮耳提面命：不仅当面指教，而且提着耳朵叮嘱，希望永不忘记。⑯荒：污秽、废弃之物。⑰汲引：引荐，提拔。⑱先容：本指先加修饰，引申为事先为人介绍、推荐。⑲郢(yìng)斫(zhuó)：据说楚国郢都有一个巧匠，能够挥动斧头砍掉别人鼻子上的白粉而不伤到鼻子。斫，斧刃。⑳鼎言：像鼎那样有分量的言语。㉑浼(měi)：请求，央求。

第四单元

"多蒙推毂①",谢人引荐之辞;"望作领袖②",托人倡首之说。言辞不爽③,谓之"金石语④";乡党公论⑤,谓之"月旦评⑥"。"逢人说项斯⑦",表扬善行;"名下无虚士⑧",果是贤人。

党恶为非,曰"朋奸⑨";尽财赌博,曰"孤注⑩"。徒了事,曰"但求塞责⑪";戒⑫明察,曰"不可苛⑬求"。"方命⑭"是逆人之言,"执拗"是执己之性。曰"觊觎⑮"、曰"睥睨⑯",总是私心之窥望;曰"倥偬⑰"、曰"旁午⑱",皆言人事之纷纭⑲。小过必察,谓之"吹毛求疵⑳";乘患㉑相攻,谓之"落井下石㉒"。欲心难厌如谿壑㉓,财物易尽若漏卮㉔。"望开茅塞㉕",是求人之教导;"多蒙药石㉖",是谢人之箴规㉗。"芳规"、"芳躅㉘",皆善行之可慕;"格言"、"至言㉙",悉嘉言之可听。

---

①推毂(gǔ):推车前进。毂,车轮中心的圆木,即车轴。　②望作领袖:希望出来做表率。领袖,指衣服的领口和袖口,借指为人表率的人。　③言词不爽:说过的话绝不违背。爽,差失,违背。　④金石语:说话像金石一样坚固可靠。　⑤乡党公论:乡里的公正评价。乡党,周代规定,五百家为党,一万二千五百家为乡。　⑥月旦评:东汉许劭和许靖喜欢评价乡里的人物,每月初一都发表对人物的品评。　⑦逢人说项斯:唐朝项斯在出名前,以自己的诗稿拜见杨敬之,希望提携。杨敬之送给他一首诗,最后两句是"平生不解藏人善,到处逢人说项斯"。诗传到长安,第二年项斯就中了进士。　⑧虚士:徒有虚名的人。　⑨朋奸:朋比为奸。朋,结党。　⑩孤注:把所有的钱投进去作一次赌注。　⑪塞责:对自己应尽的责任敷衍了事。　⑫戒:戒除。　⑬苛:过于严厉。　⑭方命:违命,抗命。方,违背。　⑮觊(jì)觎(yú):非分的希望或企图。　⑯睥(pì)睨(nì):斜着眼看,有厌恶或高傲之意。　⑰倥偬(kǒng zǒng):事情纷繁急迫。　⑱旁午:交错,纷繁。　⑲纷纭:众多而杂乱。　⑳吹毛求疵(cī):吹开皮上的毛,寻找里面的毛病。求,找寻。疵,小毛病。　㉑患:灾祸。　㉒落井下石:看见人要掉进陷阱,不伸手救他,反而推他下去,又扔下石头。　㉓谿壑(hè):山谷与沟壑。　㉔漏卮(zhī):有漏洞的盛酒器。　㉕望开茅塞:希望能够打开思路。茅塞,被茅草堵住,后用来比喻人的思路闭塞或愚昧不懂事。　㉖药石:古时指治病的药物和砭石,后比喻规劝别人改过向善的话语。　㉗箴(zhēn)规:劝诫规谏。　㉘芳躅(zhuó):前贤遗下来的行为准则。芳,敬辞。躅,足迹。　㉙至言:深切中肯或极其高明的言论。

无言曰"缄默①",息怒曰"霁威②"。包拯寡色笑,人比其笑为黄河清;商鞅最凶残,尝见论囚而渭水赤。仇深曰"切齿",人笑曰"解颐③"。人微笑曰"莞尔",掩口笑曰"胡卢④"。大笑曰"绝倒⑤",众笑曰"哄堂"。留位待贤,谓之"虚左⑥";官僚共署,谓之"同寅⑦"。人失信曰"爽约",又曰"食言";人忘誓曰"寒盟⑧",又曰"反汗⑨"。

"铭心镂⑩骨",感德难忘;"结草衔环⑪",知恩必报。自惹其灾,谓之"解衣抱火⑫";幸离其害,真如"脱网就渊⑬"。两不相入⑭,谓之"枘凿⑮";两不相投,谓之"冰炭"。彼此不合曰"龃龉⑯",欲进不前曰"趑趄⑰"。"落落⑱",不合之词,"区区⑲",自谦之语。"竣"者作事已毕之谓,"醵⑳"者敛财饮食之名。赞襄㉑其事,谓之"玉成㉒";分裂难完,谓之"瓦解"。

事有低昂㉓曰"轩轾㉔",力相上下曰"颉颃㉕"。凭空起事曰"作俑㉖",仍前踵弊㉗曰"效尤㉘"。手口共作曰"拮据",不暇修

---

①缄默:闭门不言。　②霁(jì)威:收敛威严。霁,本意是雨雪后天放晴,比喻怒气消释,脸色转和。　③颐:面颊。　④胡卢:喉咙间发出的笑声。　⑤绝倒:前仰后合地大笑。　⑥虚左:空着左边的位置。古代以左为尊,虚左表示对宾客的尊重。⑦同寅:同僚。　⑧寒盟:背弃或忘却盟约。寒,特指中止盟约。　⑨反汗:反悔。⑩镂:雕刻。　⑪结草衔环:"结草"和"衔环"都是古代报恩的传说。其中衔环讲的是有个儿童救了一只黄雀,黄雀衔来四枚白环相报。　⑫解衣抱火:脱下衣服将火抱在怀中。　⑬脱网就渊:鱼儿逃脱网具进入水深的地方。渊,深水。　⑭相入:互相为用,彼此投合。　⑮枘(ruì)凿:榫头和卯眼。如果枘方凿圆或枘圆凿方,那就难以插入结合。　⑯龃龉:上下牙齿对不齐。　⑰趑趄(zī jū):想前进又不敢前进。形容疑惧不决、犹豫观望的样子。　⑱落落:形容孤高,与人不合。　⑲区区:细小的样子。形容微不足道。　⑳醵(jù):凑钱喝酒。　㉑襄:辅助,协助。　㉒玉成:本来指爱之如玉,而使其有成就,后来指成全。　㉓低昂:起伏,时高时低。㉔轩(xuān)轾(zhì):车子前高后低为"轩",车子前低后高为"轾"。　㉕颉(xié)颃(háng):原指小鸟上下飞翔的样子。　㉖作俑:古代制造陪葬用的木偶或陶人。后来比喻首开恶例。　㉗仍前踵弊:沿袭从前的错误。仍,因袭。踵弊:跟着犯错。踵,脚后跟。　㉘效尤:仿效不好的行为。尤,错误。

容曰"鞅掌"。手足并行曰"匍匐",俯首而思曰"低徊"。"明珠投暗①",大屈才能;"入室操戈②",自相鱼肉③。求教于愚人,是"问道于盲④";枉道以干主⑤,是"炫玉求售⑥"。智谋之士,所见略同;仁人之言,其利甚溥⑦。

"班门弄斧⑧",不知分量;"岑楼齐末⑨",不识高卑。势延莫遏,谓之"滋蔓难图⑩";包藏祸心,谓之"人心叵测⑪"。"作舍道旁",议论多而难成;一国三公,权柄分而不一。事有奇缘,曰"三生有幸⑫";事皆拂意⑬,曰"一事无成"。酒色是酖⑭,如以双斧伐孤树;力量不胜,如以寸胶澄黄河⑮。"兼听则明,偏听则暗⑯",此魏徵之对太宗;"众怒难犯,专欲难成⑰",此子产⑱之讽子孔⑲。欲逞⑳所长,谓之"心烦技痒㉑";绝无情欲,谓之"槁木

---

①明珠投暗:将夜明珠在暗地里向人投去,让人很惊疑。　②入室操戈:到屋子里拿起他的武器攻击他。操,拿。戈,古代像矛的武器。　③自相鱼肉:内部人互相把对方当鱼肉宰割。鱼肉,指当做鱼肉宰割。　④问道于盲:向瞎子问路。盲,瞎子。　⑤枉道以干主:违背正道而求得君主重用。枉道,歪道。干,求。　⑥炫玉求售:炫耀自己的才能希求被录用。炫,沿街叫卖。　⑦其利甚溥:它的利益很广大。溥,广大。　⑧班门弄斧:在鲁班门前挥舞斧头。班,鲁班,我国古代的巧匠,木匠的祖师爷。　⑨岑(cén)楼齐末:不看根本,只比较末端,高楼与方寸之木也可一样高。岑楼,尖顶高楼。　⑩滋蔓难图:野草滋生,难以消除。滋蔓,滋生蔓延。　⑪叵:不可。　⑫三生有幸:三世都很幸运。三生,指前生、今生、来生。幸,幸运。　⑬拂意:违背心愿;不如意。　⑭酒色是酖(dān):沉溺于美酒和女色。酖,嗜酒,沉溺。　⑮寸胶澄黄河:极少的胶无法使黄河澄清。　⑯兼听则明,偏听则暗:要同时听取各方面的意见,才能正确认识事物;只相信单方面的话,必然会犯片面性错误。兼听,广泛听取意见。明,看事清楚。偏听,听信一面之词。暗,昏暗,糊涂。　⑰专欲:个人的欲望。　⑱子产:名侨,字子严,春秋时郑国穆公之孙,长期执掌国政。　⑲子孔:郑国公子,曾代任国相。　⑳逞:显示,炫耀,卖弄。　㉑心烦技痒:形容擅长及爱好某种技艺,一遇机会就急于表现的情态。

死灰①"。"座上有江南②",语言须谨;"往来无白丁③",交接皆贤。

将近好处,曰"渐入佳境④";无端⑤倨傲⑥,曰"旁若无人"。借事宽投曰"告假",将钱嘱托曰"夤缘"。事有大利,曰"奇货可居⑦";事宜鉴前⑧,曰"覆车当戒⑨"。外彼为此⑩,曰"左袒⑪";处事两可,曰"模棱"。敌甚易摧,曰"发蒙振落⑫";志在必胜,曰"破釜沉舟⑬"。曲突徙薪⑭无恩泽,不念豫防⑮之力大;焦头烂额为上客,徒知救急之功宏。贼人曰"梁上君子⑯",强梗⑰曰"化外顽民⑱"。

"题凤⑲"、"题午⑳",讥友讥亲之隐词;"破麦㉑"、"剖梨㉒",见夫

---

①槁木死灰:枯干的树木和火灭后的冷灰。　②座上有江南:江南,指江南人。鹧鸪鸟的叫声很像"行不得也哥哥",古乐府有一首《鹧鸪曲》,江南游子听了就容易引起思乡的情绪,因此郑谷在《座上贻歌者》诗里提醒说:"座上亦有江南客,莫向春风唱鹧鸪。"强调说话要小心,以免触动别人的心事。　③白丁:没有功名的平民;缺乏知识的人。　④渐入佳境:慢慢进入美好的境界。　⑤无端:没道理,无缘无故。　⑥倨傲:高傲自大,傲慢不恭。　⑦奇货可居:将珍奇的东西囤积起来,等待高价出售。奇货,珍奇的东西。居,囤积。　⑧鉴前:吸取前人或前面的教训。鉴,儆戒或教训。　⑨覆车当戒:前人的失败,后人应当引为教训。覆车,翻车。　⑩外彼为此:排斥那一方而维护这一方。外,疏远,排斥。为,帮助,维护。　⑪左袒:脱左袖,露出左臂。比喻偏袒某一方。　⑫发蒙振落:把蒙在物体上的东西揭掉,把将要落的树叶摇下来。蒙,遮盖,指物品上的罩物。振,摇动。　⑬破釜沉舟:将饭锅打破,将渡船凿沉。釜,锅。项羽跟秦兵打仗,过河后把锅都打破,船都弄沉,只带着三天的口粮,表示抱着必死之心,决不后退。　⑭曲突徙薪:把烟囱改建成弯的,把灶旁的柴草搬走。突,烟囱。薪,柴草。　⑮豫防:即"预防",事先防备。　⑯梁上君子:躲在屋梁上的人,代称窃贼。　⑰强梗:骄横跋扈。也指蛮横无理、胡作非为的人。　⑱化外顽民:没有受过教化的愚顽百姓。　⑲凤:繁体"鳳"字拆开了就是"凡鸟"两个字。　⑳午:没有出头的"牛"字。　㉑破麦:传说宁波有个妇人,在战争中与丈夫和儿子失散,寄居在尼姑庵中。有一天她梦见磨麦子,又梦见莲花花瓣掉光了。尼姑帮她解梦说,磨麦见麸(夫),莲花瓣掉光见莲子,你马上能见到丈夫和儿子。不久果然应验。　㉒剖梨:传说杨进贤担任南阳刺史时,一天坐船遇见了大风,混乱中儿子走失了。夫妇俩非常思念儿子,有一天他们梦见与儿子剖梨。第二天有个朋友帮他们解梦,说剖开梨就能见到子(梨核)。果然不出十天就找到了儿子。

见子之奇梦。下强上弱,曰"尾大不掉①";上权下夺,曰"太阿倒持②"。生平所为,皆可对人言,司马光③之自信;运用之妙,惟存乎一心,岳武穆④之论兵。

"不修边幅⑤",谓人不饰仪容;"不立崖岸⑥",谓人天性和乐。求事速成曰"躐等⑦",过于礼貌曰"足恭⑧"。假忠厚者谓之"乡愿⑨",出人群者谓之"巨擘⑩"。"孟浪⑪"由于轻浮,"精详⑫"出于暇豫⑬。为善则"流芳百世",为恶则"遗臭万年"。过多曰"稔恶⑭",罪满曰"贯盈⑮"。尝见冶容⑯诲淫⑰,须知慢藏⑱诲盗。

"管中窥豹",所见不多;"坐井观天",知识不广。无势可乘⑲,"英雄无用武之地";有道则见⑳,"君子有展采之思㉑"。求名利达,曰"捷足先得㉒";慰士迟滞㉓,曰"大器晚成㉔"。浅见曰"肤㉕见",俗言曰"俚言㉖"。识时务㉗者为俊杰,昧先几者㉘非

---

①尾大不掉:兽类尾巴过长,摇摆起来困难。掉,摇动。　②太阿(ē)倒持:倒拿着太阿宝剑,把剑柄递给别人。太阿,宝剑名。　③司马光:字君实,北宋大臣、史学家,《资治通鉴》的主编。　④岳武穆:岳飞死后谥"武穆"。　⑤不修边幅:不注意修饰自己的衣着。边幅,布帛的边缘,比喻人的衣着、仪表。　⑥不立崖岸:不站立在山崖上和堤岸边。崖岸,高峻的山崖和堤岸,比喻性情孤傲,不合群。　⑦躐(liè)等:不按次序,逾越等级。躐,逾越。　⑧足恭:过度谦恭。足,过分。　⑨乡愿:指乡中貌似谨慎忠厚,而实际上与流俗合污的伪善者。孔子在《论语·阳货》中说:"乡原,德之贼也。""原"同"愿"。　⑩巨擘(bò):大拇指。　⑪孟浪:指言语鲁莽,轻率不当。　⑫精详:精细周详。　⑬暇豫:悠闲安逸。　⑭稔(rěn)恶:丑恶,罪恶深重。稔,事物酝酿成熟。　⑮贯盈:即恶贯满盈。罪恶之多,就像铜钱穿满一根绳子。贯,穿钱的绳子。盈,满。　⑯冶容:打扮得很妖艳。　⑰诲淫:招致淫乱之事。诲,引诱,招致。淫,淫乱。　⑱慢藏:疏于保管。　⑲无势可乘:没有可把握的机会。　⑳见:通"现"。　㉑展采:意思是供职。展,施展。采,古代卿大夫受封的土地,后来引申为官职。　㉒捷足先得:行动快的人先达到目的或得所求的东西。捷,快。足,脚步。　㉓迟滞:延缓滞留。　㉔大器:比喻大才。　㉕肤:浅薄。　㉖俚言:通俗的口头词语。　㉗时务:当前的客观形势。　㉘昧先几者:看不出事物变化征兆的人。昧,昏暗;先几,预先洞察细微。

明哲①。村夫不识一丁②，愚者岂无一得③。"拔去一丁④"，谓除一害；"又生一秦⑤"，是增一仇。

同恶相帮，谓之"助桀为虐"；贪心无厌，谓之"得陇望蜀⑥"。当知器满则倾⑦，须知物极⑧必反。喜嬉戏名为"好弄⑨"，好笑谑⑩谓之"诙谐⑪"。谗口交加⑫，市中可信有虎⑬；众奸鼓衅⑭，聚蚊可以成雷⑮。"萋斐成锦⑯"，谓谮人⑰之酿祸；"含沙射影⑱"，言鬼蜮⑲之害人。针砭⑳所以治病，鸩毒㉑必至杀人。

李义府㉒阴柔害物㉓，人谓之"笑里藏刀"；李林甫奸诡㉔谄人，世谓之"口蜜腹剑"。代人作事，曰"代庖㉕"；与人设谋㉖，曰"借箸㉗"。见事极真，曰"明若观火"；对敌易胜，曰"势若摧

---

①明哲：指明智睿哲的人。　②不识一丁：不识一个字。形容人文化水平低。③一得：一点收获。　④拔去一丁：北宋谏议大夫丁谓擅长阿谀奉承，排挤寇准，升为宰相。当时人编了一句谚语："欲得天下宁，拔去眼中丁。"　⑤又生一秦：秦末农民起义时，陈涉自立为陈王，派武臣去攻打以前赵国的地方，武臣得手后却自立为赵王。陈涉大怒，准备杀掉武臣全家。手下谋士进谏说："秦朝还没有灭亡而诛杀武臣全家，这不又出来一个秦朝吗？不如祝贺他，让他赶快领兵去进攻秦军。"　⑥得陇望蜀：已经取得陇右，还想攻取西蜀。陇，指甘肃一带。蜀，指四川一带。　⑦倾：倾覆。　⑧极：顶点。　⑨好弄：爱好游戏。弄，玩耍、游戏。　⑩笑谑(xuè)：开玩笑，嬉笑戏谑。⑪诙谐：谈吐幽默风趣。　⑫交加：相加，同时出现。　⑬市中可信有虎：比喻谣言一再重复，就能使人们当成事实。　⑭鼓衅：挑起事端。　⑮聚蚊可以成雷：许多蚊子聚到一起，声音会像雷声那样大。比喻说坏话的人多了，会使人受到很大的损害。　⑯萋斐(fěi)成锦：《诗经·小雅·巷伯》中有"萋兮斐兮，成是贝锦。彼谮人者，亦已太甚"的句子。意思是，花纹交错，织成五彩贝纹锦，那个造谣者，真是欺人太甚！萋斐，花纹错杂的样子。锦，有彩色花纹的丝织品。　⑰谮(zèn)人：说别人的坏话，诬陷，中伤。　⑱含沙射影：传说有一种叫蜮的动物，在水中含沙喷射人的影子，使人生病甚至死亡。　⑲鬼蜮：害人的鬼和怪物，比喻用心险恶、暗中害人的小人。　⑳针砭(biān)：古代的一种针刺疗法。比喻规劝过失。砭，古代治病的石头针。　㉑鸩毒：毒药，毒酒。鸩，一种毒鸟，喜食蛇，羽毛紫绿色，放在酒中能毒杀人。　㉒李义府：唐朝大臣，为人奸险，外表和气，内心却阴险毒辣。当时的人说他笑中有刀，称他为"李猫"。　㉓阴柔害物：表面看性格内向温和，其实暗中害人。　㉔奸诡：奸诈虚伪。　㉕代庖(páo)：代厨师下厨。庖，厨师。　㉖设谋：出谋划策；用计。　㉗借箸：借筷子，形容帮人出谋划策。

第四单元

枯①"。"卧榻之侧，岂容他人鼾睡②"，宋太祖之语；"一统之世，真是胡越一家③"，唐太宗之时。

饮 食

甘脆肥脓④，命⑤曰"腐肠之药⑥"；羹藜含糗⑦，难语太牢⑧之滋。御食⑨曰"珍馐⑩"，白米曰"玉粒"。好酒曰"青州从事⑪"，次酒曰"平原督邮⑫"。"鲁酒⑬"、"茅柴⑭"，皆为薄酒；"龙团⑮"、"雀舌⑯"，尽是香茗。待人礼衰，曰"醴酒不设"；款客甚薄，曰"脱粟相留⑰"。"竹叶青⑱"、"状元红⑲"，俱为美酒；"葡萄绿"、"珍珠红⑳"，悉是香醪㉑。

---

①势若摧枯：形势就像摧毁枯草那样轻而易举。枯，枯草。　②卧榻之侧，岂容他人鼾睡：自己的床铺边，怎么能让别人呼呼睡大觉？　③一统之世，真是胡越一家：天下统一的时候，胡人和越人就是一家人。胡在北边，越在南边，相隔非常遥远。　④脓：通"醲"，浓厚，特指浓烈的酒。　⑤命：取名，命名。　⑥腐肠之药：腐蚀肠胃的毒药。　⑦羹藜含糗(lí)(qiǔ)：用野菜做汤，吃干粮。藜，一种野菜。糗，炒熟的米或面等，可以做干粮。　⑧太牢：古代帝王、诸侯祭祀社稷的时候，牛、羊、豕三种牲畜都齐备称做"太牢"。这里比喻珍贵的食物。　⑨御食：指御膳，古代供皇帝食用的食品。御，对帝王所作所为及所用物品的敬称。　⑩珍馐(xiū)：珍奇名贵的食品。　⑪青州从事：青州，古代州名，在今山东省东部；从事，古代官名。　⑫平原督邮：平原，古代地名；督邮，古代官名。晋朝桓温有一名主簿，善于品酒，尝到好酒称为"青州从事"，劣酒称为"平原督邮"。因为青州有齐郡，平原有鬲县，"齐"与"脐"谐音，"鬲"与"膈"谐音；人体肚脐在腹部，膈在胸部，而好酒的酒力可以到达腹部，劣酒的酒力则只能到达胸部。　⑬鲁酒：鲁国出产的酒，味淡薄。后作为薄酒、淡酒的代称。　⑭茅柴：农村自酿的酒。　⑮龙团：宋代贡茶名，产量极少，非常珍稀。　⑯雀舌：茶名。以嫩芽焙制的上等茶。　⑰脱粟相留：用粗米挽留客人。脱粟，粗粮，只脱去谷皮的粗米。　⑱竹叶青：亦称"竹叶清"。古代苍梧地方酿酒，加入青翠的竹叶。今指由汾酒加多种名贵药品配制而成的酒，含酒精少，酒味醇美。　⑲状元红：取一甲第一的称呼，以表示名贵。　⑳葡萄绿、珍珠红：都是美酒的名称，类似现在的葡萄酒。　㉑醪(láo)：本指醇酒，这里指醇香的美酒。

五斗解酲①，刘伶独溺于酒；两腋生风②，卢仝③偏嗜乎茶。酒系杜康④所造，腐⑤乃淮南⑥所为。僧谓鱼曰"水梭花⑦"，僧谓鸡曰"穿篱菜⑧"。临渊羡鱼，不如退而结网；扬汤⑨止沸，不如去火抽薪。羔酒自劳⑩，田家之乐；含哺⑪鼓腹，盛世之风。

　　人贪食曰"徒铺啜⑫"，食不敬⑬曰"嗟来食⑭"。多食不厌，谓之"饕餮⑮之徒"；见食垂涎，谓有"欲炙之色"⑯。未获同食，曰"向隅⑰"；谢人赐食，曰"饱德"。安⑱步可以当车，晚食可以当肉⑲。饮食贫难，曰"半菽不饱⑳"；厚恩图报，曰"每饭不忘"。谢扰人曰"兵厨㉑之扰"，谦待薄曰"草具之陈㉒"。"白饭青刍㉓"，待仆马之厚；"炊金馔玉㉔"，谢款客之隆㉕。家贫待客，但知"抹月批风㉖"；冬月邀宾，乃曰"敲冰煮茗㉗"。"惩羹吹齑㉘"，

---

①酲（chéng）：酒醒后神志不清。　②两腋生风：形容喝过好茶后轻逸欲飞的感觉。腋，腋下。　③卢仝：唐代诗人，非常爱喝茶。　④杜康：传说中酿酒的发明者。　⑤腐：指豆腐。　⑥淮南：指西汉淮南王刘安，著名文学家，汉高祖之孙，编写有《淮南子》。　⑦水梭花：僧人吃素食，忌讳说荤腥的名称，鱼在水中游来游去，好像是在穿梭，故称"水梭花"。　⑧穿篱菜：鸡常在篱笆中钻来钻去，所以和尚称之为"穿篱菜"。　⑨汤：开水。　⑩自劳：自己犒劳自己。　⑪哺：口中所含的食物。　⑫徒铺啜（bū chuò）：只知道吃喝。铺，吃喝。　⑬不敬：怠慢，无礼。　⑭嗟（jiē）来食：喂，来吃吧！春秋时齐国发生饥荒，有人在路上施舍饮食，对一个饥饿的人说："嗟，来食。"饥饿的人说："我就是不吃'嗟来之食'。"最后竟饿死了。　⑮饕餮（tāo tiè）：传说中的一种贪食的怪物。　⑯炙：烤肉。　⑰向隅：面对着角落。隅，角落。　⑱安：安详，不慌不忙。　⑲晚食可以当肉：肚子饿了再吃，吃什么都像吃肉一样香。　⑳半菽（shū）不饱：半菜半粮的食物吃不饱。半菽，半菜半粮，指粗劣的饭食。　㉑兵厨：晋代阮籍纵情诗酒，听说步兵校尉衙门厨房中藏有好几百斛酒，就向朝廷请求担任步兵校尉一职。后来称储存美酒的地方为"兵厨"。　㉒草具之陈：摆出来的粗劣的饭食。草具，粗劣的饭食。陈：陈列。　㉓白饭青刍（chú）：白饭供客，青草喂马。青刍，新鲜的草料。　㉔炊金馔玉：用金烧火，用玉做饭，炊，烧火做饭。馔，饮食。　㉕隆：盛大，隆重。　㉖抹月批风：以风月待客。是文人表示家贫无可待客的戏言。抹，细切。批，薄切。　㉗敲冰煮茗：敲下冰块煮茶。　㉘惩羹吹齑（jī）：被热汤烫过嘴，吃冷食时也要吹一吹。惩，警戒，鉴戒。齑，细切的冷食肉菜。

第四单元

谓人惩前警后;"酒囊饭袋①",谓人少学多餐。隐逸之士,"漱石枕流②";沉湎③之夫,"藉糟枕曲④"。昏庸桀纣,胡为"酒池肉林⑤";苦学仲淹,惟有"断齑画粥⑥"。

宫　室

"竹苞松茂⑦",谓制度⑧之得宜;"鸟革翚飞⑨",谓创造⑩之尽善。朝廷⑪曰"紫宸⑫",禁门⑬曰"青琐⑭"。宰相职掌丝纶⑮,内居"黄阁⑯";百官具陈章疏⑰,敷奏"丹墀⑱"。"金马玉堂",翰林院宇;"柏台乌府⑲",御史衙门。"潭府⑳"是仕宦之家,"衡门㉑"乃隐逸之宅。

---

①酒囊饭袋:只会吃喝,不会做事。囊,口袋。　②漱石枕流:用石头漱口,用流水做枕头。孙子荆年轻的时候,想要隐居山林,本想说"当枕石漱流",一时口误,说成"漱石枕流"。王武子笑着问:"流水可以做枕头,石头可以漱口吗?"孙子荆说:"所以枕流,想要洗耳朵;所以漱石,想要磨砺牙齿。"　③沉湎:沉溺,沉迷于。　④藉糟枕曲:用酒糟做垫子,用酒曲做枕头。比喻嗜酒、贪杯。　⑤酒池肉林:传说殷纣王在水池里放满了酒,把一片片肉悬挂起来当作树林,日夜作乐。　⑥断齑画粥:切断腌菜,把粥划成几块。形容食物简单微薄。断,切断。齑,酱菜或腌菜之类。画,划分。　⑦竹苞松茂:《诗经·小雅·斯干》表达了庆祝王宫落成的喜悦心情,其中有"如竹苞矣,如松茂矣"的诗句,以"竹苞松茂"比喻宫室根基稳固,家族枝叶繁荣。苞,丛生,茂密。　⑧制度:制作;规模。　⑨鸟革翚(huī)飞:如同鸟儿张开双翼,野鸡展翅飞翔。革,鸟张翅。翚,羽毛五彩的野鸡。　⑩创造:建造。　⑪朝廷:君王接受朝见和处理政务的地方。　⑫紫宸(chén):宫殿名,唐、宋皇帝接见群臣及外国使者的内朝正殿。　⑬禁门:秦、汉时皇宫称禁中,宫门称为禁门。　⑭青琐:原指装饰皇宫门窗的青色连环花纹。　⑮丝纶:帝王的诏书。　⑯黄阁:汉代丞相、太尉和汉以后的三公官署厅门涂黄色。　⑰具陈章疏:陈,上言、呈送;章疏,给皇帝的奏章、奏疏。　⑱敷奏丹墀(chí):敷奏,即陈奏,向君王报告;丹墀,宫殿前的红色台阶及台阶上的空地。　⑲柏台乌府:汉代御史府中种植很多柏树,招来大批乌鸦栖息。　⑳潭府:深宅大院。潭,深邃。　㉑衡门:横木为门,指简陋的房屋。

贺人有喜,曰"门阑蔼瑞①";谢人过访②,曰"蓬荜生辉③"。"美奂美轮④",礼⑤称屋宇之高华;"肯构肯堂",书⑥言父子之同志⑦。土木方兴,曰"经始⑧";创造已毕,曰"落成⑨"。恭贺屋成,曰"燕贺⑩";自谦屋小,曰"蜗庐⑪"。民家名曰"闾阎⑫",贵族称为"阀阅⑬"。"朱门⑭"乃富豪之第,"白屋⑮"是布衣之家。

客舍曰"逆旅",馆驿⑯曰"邮亭"。书室曰"芸窗⑰",朝廷曰"魏阙⑱"。"成均⑲"、"辟雍⑳",皆国学㉑之号;"黉宫㉒"、"胶序㉓",乃乡学㉔之称。笑人善忘,曰"徙宅忘妻㉕";讥人不谨,曰"开门揖盗㉖"。"何楼㉗"所市,皆滥恶之物;"垄断独登㉘",

---

①门阑蔼瑞:门前笼罩着祥云。门阑,门框或门栅栏。蔼瑞,吉祥的云气。 ②过访:登门探视访问。 ③蓬荜(bì)生辉:使寒舍增添光彩。蓬荜,蓬门荜户的略语,指用蓬草、荆条等做的门,喻指陋室。 ④美奂美轮:盛大,鲜明,亮堂。奂,繁富的样子;轮,高大的样子。 ⑤礼:指《礼记》。 ⑥书:指《尚书》。 ⑦同志:志向相同。 ⑧经始:开始营建。 ⑨落成:建筑工程竣工。 ⑩燕贺:大厦落成而燕雀相贺。 ⑪蜗庐:三国时焦先和杨渍建了一种圆形屋子,形状像蜗牛壳,称为"蜗牛庐"。后来把简陋的居处称为"蜗庐"。 ⑫闾阎:原指平民居住的里巷内外的门。 ⑬阀阅:指古代仕宦人家大门外的左右柱。 ⑭朱门:古代王公贵族的住宅大门漆成红色,表示尊贵。 ⑮白屋:指不刷色彩、露出木材本色的房屋。也有人说是用白茅覆盖的房屋。 ⑯馆驿:古代驿站上设的旅舍。 ⑰芸窗:古人常在书房用芸香驱蠹虫,所以书斋称"芸窗"。 ⑱魏阙:古代宫门两边巍然的高台,下面是悬布法令的地方,因此可以代称朝廷。 ⑲成均:古代的大学。 ⑳辟雍:西周天子为贵族子弟所开设的大学。 ㉑国学:西周设于王城及诸侯国都的学校,后世为京师官学的通称。 ㉒黉(hóng)宫:古代的学校。 ㉓胶序:学校的通称。商朝的学校叫序,周朝叫庠,周人养国老于东胶,因此以"胶序"通称学校。 ㉔乡学:古代的地方学校,与"国学"相对。 ㉕徙宅忘妻:搬家忘记携带妻子。徙,迁移。 ㉖开门揖盗:打开门请强盗进来。揖,拱手礼,表示欢迎。 ㉗何楼:相传宋代都城开封有个何家楼,楼下设立市场,所出售的东西,都是以次品充好货。 ㉘垄断独登:独自攀登高地。垄断,本来指高而不相连的土墩子,后引申为把持和独占。

第四单元

讥专利之人。"荜门圭窦①",系贫士之居;"瓮牖绳枢②",皆窭人③之室。宋寇准真是"北门锁钥④",檀道济⑤不愧"万里长城"⑥。

疾病死丧

福寿康宁,固人之所同欲;死亡疾病,亦人所不能无。惟智者能调⑦,达人自玉⑧。问人病,曰"贵体违和⑨";自谓疾,曰"偶沾微恙⑩"。病不可为,曰"膏肓⑪";平安无事,曰"无恙⑫"。"采薪之忧⑬",谦言抱病;"河鱼之患⑭",系是腹疾。"可以勿药⑮",喜其病安;"厥疾弗瘳⑯",言其病笃⑰。

亲死则"丁忧⑱",居丧则"读礼⑲"。在床谓之"尸",在棺谓之"柩⑳"。报丧书曰"讣㉑",慰孝子曰"唁㉒"。往吊曰"匍

---

①荜门圭窦:用荆条竹木做门,在墙上打洞做窗户。形容穷苦人家的住处。圭窦,古代穷人在墙上打个洞做窗户,上面尖下面方,形状像玉圭。　②瓮牖(yǒu)绳枢:用破瓮口做窗户,用绳子系着门枢。牖,窗户。绳枢,用绳子系门,来代替转轴。　③窭(jù)人:穷苦人。窭,贫寒。　④北门锁钥:北城门上的锁和钥匙,借指北方军事要地。　⑤檀道济:南朝宋将,东晋末跟随宋武帝刘裕东征西讨,屡立战功。　⑥万里长城:比喻国家所依赖的大将。　⑦调:调理,调养,这里指保养身体,防御疾病。　⑧达人自玉:乐观豁达的人懂得自行珍重。玉,珍重,爱护。　⑨违和:身体失去调和而不舒适。　⑩偶沾微恙:偶然得了小病。恙,疾病。　⑪膏肓:古代医学称心膈之间的部位,是人体内主要部位。膏,心尖脂肪。肓,心脏与膈膜之间。　⑫无恙:没有疾病。　⑬采薪之忧:身患疾病,不能外出打柴。　⑭河鱼之患:鱼烂一般先从腹内开始。　⑮勿药:不用吃药病就可以自愈。　⑯厥疾弗瘳(chōu):那个病不容易好。厥,其,那个。瘳,病愈。　⑰病笃:病势沉重。　⑱丁忧:古代礼仪,父母死后,子女要在家中守丧三年,不做官,不婚娶,不赴宴,不应考。　⑲读礼:古人守丧在家,要读有关丧祭的礼书。　⑳柩(jiù):装着尸体的棺材。　㉑讣(fù):讣告,报丧的通知。　㉒慰孝子曰唁(yàn):慰问死者的儿子叫做吊唁。孝子,父母死后居丧的人。唁,对遭遇丧事的人的慰问。

匍①",庐墓②曰"倚庐"。"寝苫枕块③",哀父母之在土;"节哀顺变④",劝孝子之惜身。男子死,曰"寿终正寝⑤";女人死,曰"寿终内寝⑥"。

天子死曰"崩⑦",诸侯死曰"薨⑧",大夫死曰"卒",士人死曰"不禄⑨",庶人死曰"死",童子死曰"殇⑩"。自谦父死曰"孤子",母死曰"哀子",父母俱死曰"孤哀子";自言父死曰"失怙",母死曰"失恃",父母俱死曰"失怙恃⑪"。父死何谓"考"?考者,成也,已成事业也;母死何谓"妣"?妣者,媲⑫也,克媲父美也。

以财物助丧家,谓之"赙";以车马助丧家,谓之"赗";以衣殓⑬死者之身,谓之"襚";以玉实⑭死者之口,谓之"琀⑮"。送丧曰"执绋⑯",出柩曰"驾輀⑰"。墓前石人,原名"翁仲";柩前功布⑱,今曰"铭旌⑲"。

挽歌始于田横⑳,墓志创于傅奕㉑。生坟㉒曰"寿藏",死墓曰

---

①匍匐:匍匐求之。　②庐墓:为父母服丧期间在墓旁搭盖小屋居住,守护坟墓。　③寝苫(shān)枕块:古礼规定,从父母去世直到下葬,子女不能住在屋子里,只能睡在草席上,以土块做枕头。苫,居丧时睡的草席。　④节哀顺变:节制悲哀,顺应变故。　⑤寿终止寝:年老死在家里。正寝,住宅的正屋。　⑥内寝:内室,也专指妇女的居室。　⑦崩:即把天子的死比做山崩。　⑧薨(hōng):专称诸侯之死。　⑨不禄:不终其禄。禄,官禄。　⑩殇(shāng):未成年而死。　⑪失怙(hù)恃:"怙"和"恃"都有依靠、依赖的意思。　⑫媲(pì):匹配,比得上。　⑬殓(liàn):给死者穿衣入棺。　⑭实:充实,填塞。　⑮琀(hán):放在死者口中的玉。　⑯执绋(fú):以手牵引灵柩的大绳,帮助灵柩行进。绋,拴在灵柩上的绳索。　⑰輀(ér):古代载运棺柩的车。　⑱功布:古代丧礼中用来指引灵柩的布,一般用三尺长的白布悬于竿头,略似旗幡。　⑲铭旌:竖在灵柩前标志死者官职和姓名的旗幡。　⑳挽歌始于田横:田横,秦末人。挽歌,送葬时所唱的哀歌。　㉑墓志:放在墓里刻有死者生平事迹的石头。也指墓志上的文字,即墓志铭。傅奕:唐朝初年学者。　㉒生坟:人活着时自己建的墓穴。

第四单元

"佳城"①。坟曰"夜台"②，圹③曰"窀穸④"。已葬曰"瘗玉⑤"，致祭曰"束刍⑥"。春祭曰"禴"，夏祭曰"禘"，秋祭曰"尝"，冬祭曰"烝"。

文 事

多才之士，才储八斗⑦；博学之儒，学富五车⑧。三坟五典⑨，乃三皇五帝之书；八索九丘⑩，是八泽九州⑪之志⑫。《书经》载上古唐虞三代之事，故曰《尚⑬书》；《易经》乃姬周⑭文王周公所系⑮，故曰《周易》。二戴⑯曾删《礼记》，故曰《戴礼》；二毛⑰曾注《诗经》，故曰《毛诗》；孔子作《春秋》，因获麟⑱而绝笔，故曰《麟经》。荣于华衮⑲，乃《春秋》一字之褒；严于斧钺⑳，乃

---

①佳城：指墓地。　②夜台：坟墓中不见光明，故称。　③圹（kuàng）：墓穴。　④窀穸（zhūn xī）：厚夜，长夜的意思。窀，厚。穸，夜。　⑤瘗（yì）玉：古代祭山礼仪，礼毕后在坑里埋玉。这里借玉指死人，指死人已经埋葬。瘗，埋葬。　⑥束刍：捆草成束。东汉郭林宗的母亲去世了，朋友徐稚前去吊唁，放了一捆草在房子前就走了。众人都觉得很奇怪，郭林宗说："这肯定是南州的高士徐孺子呀。《诗经》中说：生刍一束，其人如玉。我没有德行配得上呀。"刍，草秆。　⑦才储八斗：南北朝诗人谢灵运曾夸耀说：如果说天下才华总共有一石，曹植独得八斗，我得一斗，古今其他人则共用一斗。　⑧学富五车：形容读书多，学问广博。富，富有。五车，五车书。
⑨三坟五典：三坟，指伏羲、神农、黄帝之书。五典，指少昊、颛顼、高辛、唐、虞之书。　⑩八索九丘：相传为古代书名。　⑪八泽九州：古代分中国为九州，并有八大水泽。　⑫志：记载的文字。　⑬尚：同"上"。　⑭姬周：周朝君主姓姬。
⑮系：指《周易·系辞》。　⑯二戴：指西汉戴德、戴圣叔侄两人。戴德删《礼记》为85篇，称《大戴礼记》。戴圣又将其删为49篇，称《小戴礼记》。现在我们看到的《礼记》是《小戴礼记》。　⑰二毛：指西汉的毛亨和毛苌。毛苌是毛亨的弟子。
⑱麟：麒麟。　⑲华衮（gǔn）：古代王公贵族的漂亮礼服，常用以表示极高的荣宠。
⑳斧钺（yuè）：古代军法中用来杀人的斧子，泛指兵器。

《春秋》一字之贬①。"缣缃②"、"黄卷③",总谓经书;"雁帛④"、"鸾笺⑤",通称简札⑥。

"锦心绣口⑦",李太白之文章;"铁画银钩⑧",王羲之之字法。"雕虫小技⑨",自谦文学之卑;"倚马可待⑩",羡人作文之速。称人近来进德,曰"士别三日,当刮目相看⑪";羡人学业精通,曰"面壁⑫九年,始有此神悟"。"五凤楼手⑬",称文字之精奇;"七步奇才⑭",羡天才之敏捷。誉才高,曰"今之班马⑮";羡诗工,曰"压倒元白⑯"。汉晁错⑰多智,景帝号为"智囊";王仁裕多诗,时人谓之"诗窖⑱"。"骚客⑲"即是诗人,"誉髦⑳"乃称美士。自古诗称李杜㉑,至今字仰钟王㉒。

---

①一字之贬:《春秋》文字简短,却寓有褒贬之意,后世称为"春秋笔法"。②缣缃(jiān xiāng):双丝织的微带黄色的细绢,供书写用。③黄卷:书籍。古代人用辛味、苦味之物染纸以防虫咬,所以纸色发黄。④雁帛:书信或是传递书信的人的代称。雁,大雁。帛,丝织品,这里指帛书。⑤鸾笺:即彩笺,代指书信。据说蜀人曾造十色笺,上面隐有花木麟鸾图纹。⑥简札:古代书写用的竹简和木片,还没有编成册时称"简札",后来指书信。⑦锦心绣口:比喻文章构思巧妙,用词华美。⑧铁画银钩:比喻书法笔姿挺拔。画,笔画。钩,勾勒。⑨雕虫小技:比喻写作辞赋为小技、末道。雕,雕刻。虫,指鸟虫书。古代汉字的一种字体,西汉学校必学的一种字体。⑩倚马可待:倚在即将出发的战马前起草文件,可以等着完稿。⑪刮目相看:用新眼光看人。刮目,擦眼睛。⑫面壁:佛教徒称坐禅为"面壁",即面对墙壁默坐静修。⑬五凤楼手:借喻文章写得好的人。唐和后梁在洛阳都建有五凤楼。宋朝的韩浦和韩洎兄弟俩都有文名,但是韩洎一直对哥哥韩浦不是很服气,有一次他说:"我哥哥写文章,就像造草棚茅屋,只能聊以避风雨。我写文章,就像造五凤楼的高手。"⑭七步奇才:指曹植七步成诗的典故。⑮班马:汉代历史学家班固和司马迁的并称,两人也都是著名的散文大家。⑯元白:指唐代著名诗人元稹和白居易。⑰晁错:西汉政论家,善于分析辩论。⑱诗窖:比喻满腹诗才、作诗很多的诗人。⑲骚客:指诗人。屈原作《离骚》以后,后人多仿效,所以称诗人为"骚人"。⑳誉髦:有名望的英杰之士。髦,毛中的长毫,比喻英俊杰出之士。㉑李杜:唐代著名诗人李白、杜甫的合称。㉒钟王:三国魏人钟繇和晋人王羲之的并称,两人都是著名的书法大家。

第四单元

"白雪阳春①",是难和难赓②之韵;"青钱万选③",乃屡试屡中之文。"惊神"、"泣鬼"④,皆言词赋之雄豪;"遏云"、"绕梁"⑤,原是歌音之嘹亮。连篇累牍⑥,总说多文;"寸楮"、"尺素"⑦,通称简札。以物求文,谓之"润笔"⑧之资;因文得钱,乃曰"稽古⑨"之力。文章全美,曰"文不加点⑩";文章奇异,曰"机杼一家⑪"。应试无文,谓之"曳白⑫";书成绣梓⑬,谓之"杀青⑭"。袜线⑮之才,自谦才短;记问⑯之学,自愧学肤。裁诗曰"推敲⑰",旷学曰"作辍⑱"。

"花样不同",乃谓文章之异;"潦草塞责⑲",不求辞语之精。邪

---

①白雪阳春:古代楚国的歌曲名,属于非常高雅的音乐。据说有位歌者在楚国郢都唱歌,开始唱《下里》、《巴人》,国中跟着一起唱和的有数千人。后来唱《阳春》、《白雪》,跟着唱和的不过数十人。　②难和难赓:难以唱和,难以继作。赓,继续、连续。　③青钱万选:青钱,即青铜钱,为古代铜钱中的上品。唐代张鷟,在参加吏部铨试时,四次都获得了吏部的第一名,有人称他的文辞就像青铜钱,万选万中。④惊神、泣鬼:杜甫曾称赞李白:"笔落惊风雨,诗成泣鬼神。"　⑤遏云、绕梁:歌声优美,使游动的浮云停下来静听,似余音绕着屋梁不愿散去。遏,停止。　⑥累牍:累,重叠;牍,古代写字用的竹、木简。　⑦寸楮、尺素:都代指书信。寸楮,一寸长的短笺。尺素,古代用绢帛书写,通常长一尺,故称写文章或书信所用的短笺为"尺素"。⑧润笔:请人作诗文书画的酬劳。　⑨稽古:指苦读古典经书。　⑩文不加点:文章一气写成,无须修改。点,涂改。　⑪机杼一家:文章自成一派。机杼,原指古代织布机械,后比喻诗文构思和布局新巧。　⑫曳白:唐朝天宝年间选进士,御史中丞张倚的儿子张奭被判为高等。落第者不服,唐玄宗在勤政殿亲自复试,结果张奭在答卷的白纸上一个字也没写,人称"曳白"。　⑬绣梓:将写成的书雕制在木板上。古代书版以梓木最好,所以称雕版为"绣梓"。绣,刺,引申为刻。　⑭杀青:古时把书写在竹简上,为防虫蛀须先用火烤干水分,叫"杀青"。　⑮袜线:形容才艺多但是没有一种很精通的。五代前蜀大臣韩昭兴趣非常广泛,文章及琴、棋、书、算、射、法等都有所涉猎,因此受到恩宠。有人讽刺说:韩昭的各项技能,就像拆下来的袜子线一样,没有一条是长的。　⑯记问:指无真知灼见,记诵书本的目的只是为了应答别人的问难或资助谈兴。　⑰推敲:斟酌字句。　⑱作辍:时作时歇,不能持久。辍,停止。　⑲潦草塞责:形容做事马虎,敷衍了事,不负责任。潦草,草率,不认真;塞,搪塞。

说曰"异端①",又曰"左道②";读书曰"肄业③",又曰"藏修④"。作文曰"染翰"、"操觚"⑤,从师曰"执经"、"问难"⑥。求作文,曰"乞挥如椽笔⑦";羡高文,曰"才是大方家⑧"。竞尚⑨佳章,曰"洛阳纸贵⑩";不嫌问难,曰"明镜不疲⑪"。称人书架曰"邺架⑫",称人嗜学曰"书淫⑬"。

白居易生七月,便识"之、无"二字;唐李贺才七岁,作《高轩过⑭》一篇。开卷有益,宋太宗之要语;不学无术,汉霍光之为人。江淹梦笔生花⑮,文思大进;扬雄梦吐白凤⑯,词赋愈奇。李守素通姓氏之学,敬宗名为"人物志⑰";虞世南晰古今之

---

①异端:古代儒家称其他持不同见解的学派。 ②左道:邪门歪道。 ③肄(yì)业:古代指修习课业。现在称在校学习而未毕业。肄,研习,学习。 ④藏修:指专心学习。 ⑤染翰、操觚(gū):以笔蘸墨、抓取木简,都指写作文章。翰,笔。操,持,拿。觚,古代用来书写的木简。 ⑥执经、问难:指跟着老师学习。执经,指手执经书。问难,诘问辩驳,析疑解惑。 ⑦如椽笔:晋武帝时,大臣王珣梦见有人给了他一支很大的笔,笔杆像屋椽那么粗。他说:"这预示着我将干大手笔的事!"不久,晋武帝逝世,哀册之类的文件全都由王珣负责起草。后来人们便以"如椽笔"比喻笔力雄健,犹言"大手笔"。椽,房梁。 ⑧大方家:懂得大道理的人。大方,懂得大道理。 ⑨尚:仰慕,夸耀。 ⑩洛阳纸贵:晋朝左思作《三都赋》,构思十年才完成。皇甫谧为文章作序,张载、刘逵为之作注,马上引起了人们注目。富豪之家争相传阅抄写,洛阳的纸因此贵了起来。 ⑪明镜不疲:明镜无论照多少次也不会疲倦。 ⑫邺架:唐人李泌封邺侯,家里藏书有三万册之多。后来就用"邺架"比喻藏书之多,也指书架。 ⑬书淫:古代称嗜书成癖、好学不倦的人。 ⑭高轩过:传说唐代诗人李贺幼年所作的诗篇。高轩,即高级车马,也代指显贵者。 ⑮梦笔生花:南朝时梁朝文学家江淹,梦见有人给他一支五色笔,于是才思大有长进,很快便以文章著名。晚年又梦见一位自称郭璞的人,向他索要五色笔,从此作诗再无佳句,人称"江郎才尽"。 ⑯吐白凤:据说西汉学者、辞赋家扬雄模仿《周易》撰写《太玄》时,曾梦见自己吐出凤凰,停在他的著作上。 ⑰人物志:唐初时李守素精通姓氏之学,时人号为"行谱"。大臣许敬宗对虞世南说:"行谱这个外号不是很雅,应该改一个。"虞世南说:"从前的任彦升善谈经史典籍,人称'五经笥',李守素可以称为'人物志'吧。"

理，太宗号为"行秘书①"。茹古含今②，皆言学博；咀英嚼华③，总曰文新。文望④尊隆，韩退之若"泰山北斗⑤"；涵养纯粹⑥，程明道如"良玉精金⑦"。李白才高，咳唾⑧随风生珠玉⑨；孙绰词丽，诗赋掷地作金声⑩"。

鸟 兽

麟⑪为毛虫之长，虎乃兽中之王。麟、凤、龟、龙，谓之"四灵"；犬、豕⑫与鸡，谓之"三物⑬"。骤駬、骅骝⑭，良马之号；太牢、大武，乃牛之称。羊曰"柔毛"，又曰"长髯主簿⑮"；豕名"刚鬣⑯"，又曰"乌喙⑰将军"。鹅名"舒雁⑱"，鸭号"家凫⑲"。

---

①行秘书：唐初书法家、文学家虞世南博学多才，明晰古今之理。有一次唐太宗出行，有关部门请运载书册相随。太宗说："不用了，有虞世南在，就是一个移动的秘书阁。"后来用"行秘书"比喻博闻强记的人。　②茹古含今：通古博今。茹，容纳、覆盖。含，也做"涵"，包含，涵盖。　③咀英嚼华：比喻读书吸取其精华。咀，细嚼，引申为体味。英、华，这里指精华。　④文望：善于为文的声望。　⑤泰山北斗：古代认为泰山在五岳中最高，北斗在群星中最亮，常用"泰山北斗"指众人所敬仰的人。韩退之即韩愈，唐代著名散文家，被列为"唐宋八大家"之首。　⑥纯粹：纯正不杂，精纯完美。　⑦良玉精金：程颢，字伯淳，世称明道先生，北宋理学的奠基者之一。他的弟弟程颐曾形容他"纯粹如精金，温润如良玉"。　⑧咳唾：咳嗽吐唾液。比喻谈吐，议论。　⑨随风生珠玉：比喻文字优美，出口即成佳句。李白《妾薄命》诗中有"咳唾落九天，随风生珠玉"。　⑩掷地作金声：东晋文学家孙绰，以文才著称，曾作《天台山赋》，刚写完的时候，拿给朋友范荣期看，说："你可以试着扔到地上，一定会发出金石的声音。"　⑪麟：即麒麟，传说中的仁兽。　⑫豕：猪。　⑬三物：古人在结盟、立誓的时候，用动物的血滴入酒中，饮酒盟誓。君王间用猪血，大臣间用狗血，百姓间用鸡血。　⑭骤駬(lù ěr)、骅骝(huá liú)：均为周穆王的八匹骏马之一。　⑮长髯(rán)主簿：羊有胡子，所以得到这个名称。髯，颊毛，胡须。　⑯刚鬣(liè)：某些兽类脖颈上的长毛。猪脖子上的毛很硬。　⑰乌喙：黑色的嘴。　⑱舒雁：鹅的外形像雁，走得非常缓慢，所以称舒雁。　⑲凫：野鸭。

鸡有五德，故称之曰"德禽"；雁性随阳，因名之曰"阳鸟"。

"家狸①"、"乌圆"，乃猫之誉；"韩卢"、"楚犷"②，皆犬之名。"无肠公子"，螃蟹之名；"绿衣使者③"，鹦鹉之号。"狐假虎威"，谓借势而为恶；"养虎贻患"，谓留祸之在身。"犹豫多疑"，喻人之不决；"狼狈④相倚"，比人之颠连⑤。胜负未分，不知鹿死谁手⑥；基业⑦易主，正如燕入他家⑧。雁到南方，先至为主，后至为宾⑨；雉⑩名陈宝，得雄为王，得雌为霸。

"刻鹄类鹜⑪"，为学初成；"画虎类犬⑫"，弄巧反拙。美恶不称⑬，谓之"狗尾续貂⑭"；贪图不足，谓之"蛇欲吞象⑮"。祸去祸又至，曰"前门拒虎，后门进狼"；除凶不畏凶，曰"不入虎穴，焉得虎子"。鄙众趋利，曰"群蚁附膻⑯"；谦己爱儿，曰"老

---

①狸：狸猫，形状似猫。　　②韩卢、楚犷：均为古时候的良犬。　　③绿衣使者：相传唐玄宗时，长安富豪杨崇义养了一只鹦鹉。杨妻刘氏与邻居李弇私通。李弇杀死杨崇义并把尸体埋到井中，刘氏到官府去报告丈夫失踪。县官到杨家搜查，架上的鹦鹉突然说："杀主人的是李弇。"于是严刑审问，得到事情的真相。这件事一直传到了唐玄宗那里，玄宗封鹦鹉为绿衣使者。　　④狼狈：传说狈是跟狼同类的野兽，前腿极短，行走时常将前腿搭在狼的背上，没有狼就不能行走。而狼前腿长，后腿短，没有狈就无法站立。　　⑤颠连：困顿不堪；困苦。　　⑥鹿：指猎取对象，比喻政权，也比喻争夺追逐的对象。　　⑦基业：作为根基的事业。多指国家政权。　　⑧燕入他家：见唐朝诗人刘禹锡《乌衣巷》诗。　　⑨后至为宾：传说中秋节以前飞到南方的大雁就是主人，中秋节后到达的则是客人。　　⑩雉（zhì）：野鸡。秦穆公时，有人挖掘出一个怪物，像羊不是羊，像猪不是猪，准备去献给穆公，在路上碰到两个小孩，说："这个怪物叫媪，常在地下食死人脑。如果要杀它，用柏树敲打它的脑袋就行了。"媪说："这两个小孩叫陈宝，得到雄的可以天下称王，得到雌的可以雄霸诸侯。"那个人于是丢下媪去追小孩，两个小孩变成野鸡飞走了。这个人马上去告诉秦穆公，穆公下令猎捕，得到雌的，后来果然称霸。　　⑪刻：画。　　⑫画虎类犬：画老虎不像，反像一条狗。　　⑬不称：不相称，不相符。　　⑭狗尾续貂（diāo）：貂是一种皮毛珍贵的动物，古代皇帝的侍从用貂尾做帽子的装饰。据《晋书》记载，赵王司马伦篡位后，大肆封赏自己的手下，奴仆们也都封了爵位，貂尾不够，就用狗尾代替。当时人们就用"貂不足，狗尾续"加以讽刺。　　⑮蛇欲吞象：传说南海中有一种巴蛇，长八百丈，能够吞下大象。　　⑯群蚁附膻（shān）：许多蚂蚁追逐羊肉的气味。附，依附。膻，羊肉的气味。

牛舐犊①"。无中生有，曰"画蛇添足"；进退两难，曰"羝羊触藩②"。"杯中蛇影③"，自起猜疑；"塞翁失马"，难分祸福。"龙驹"、"凤雏"④，晋闵鸿夸吴中陆士龙之异；"伏龙"、"凤雏"⑤，司马徽称孔明、庞士元之奇。

吕后断戚夫人手足，号曰"人彘⑥"；胡人腌契丹王尸骸，谓之"帝羓⑦"。王猛见桓温，扪虱而谈⑧当世之务；宁戚遇齐桓，扣角⑨而取卿相之荣。楚王轼怒蛙⑩，以昆虫之敢死；丙吉问牛喘⑪，恐阴阳之失时。兄弟如鹡鸰之相亲，夫妇如鸾凤⑫之配偶。有势⑬莫能为，曰"虽鞭之长，不及马腹⑭"；制小不用大，曰

---

①老牛舐(shì)犊：老牛舔小牛。舐，用舌头舔东西。犊，小牛。　②羝(dī)羊触藩：公羊用角顶篱笆，角被缠住，进退不得。羝羊，公羊。藩，篱笆。　③杯中蛇影：也作"杯弓蛇影"。　④龙驹、凤雏：指幼龙和幼凤。陆云，字士龙，他小的时候，尚书闵鸿见到他非常惊奇，说："这个孩子如果不是龙驹，就一定是凤雏。"　⑤伏龙、凤雏：指诸葛亮和庞统。善于识人的司马徽向刘备推荐两个人，一个是号称"卧龙"的诸葛亮（字孔明），另一个是号称"凤雏"的庞统（字士元）。伏龙，即卧龙。　⑥人彘(zhì)：即"猪人"。汉高祖刘邦宠爱戚夫人，想要立戚夫人生的赵王如意为太子。刘邦死后，吕后就砍断戚夫人的手脚，挖掉她的眼睛，熏聋她的耳朵，让她喝哑嗓子的药，住在厕所里。彘，指猪。　⑦帝羓(bā)：五代后晋时，契丹王耶律德光率兵南侵，半路病死，契丹人剖开他的肚子，在里面填上盐，制成干尸运回北方。汉人看见了，称为"帝羓"。羓，干尸。　⑧扪虱而谈：东晋有个叫王猛的去拜见大将军桓温，他一边谈天下大事，一边摸虱子。桓温见他知识渊博，有远见，便留下了他。　⑨扣角：敲打牛角。　⑩楚王轼怒蛙：楚王出门看见鼓气发怒的青蛙，便手扶车前的横木，低头向青蛙致敬，因为他认为青蛙具有一种不怕死的精神。轼，车前横木。古代男子站在车上的时候，向人致敬时便低头、手扶着轼。　⑪丙吉问牛喘：丙吉是西汉丞相，有一次外出，看见一群人在路边打架，死伤很多，问都不问就走过去了。又看见有人在追一头牛，牛吐着舌头喘粗气，便派人去问："追着这头牛跑了几里呀？"事后丙吉解释说："民众打架自然有相关官吏去管束，宰相不管这些小事情。现在刚到春天，应该不是很热，我担心牛是因为太热喘气，这就关系到节气失调，恐怕会有大的灾害。三公的职责就是调和阴阳，这是我范围内的事情，所以我应该过问。"　⑫鸾凤：鸾鸟和凤凰。比喻夫妻。　⑬势：势力，力量。　⑭虽鞭之长，不及马腹：即"鞭长莫及"。春秋时期，宋国得罪了楚国，都城被楚国围住。宋国派大夫乐婴去向晋国求助，晋景公准备出兵救援，大臣伯宗劝谏道："鞭子再长，也打不到马的肚子上。现在楚国很强盛，我们又怎么斗得过它呢？"

"割鸡之小,焉用牛刀①"。

鸟食母者曰"枭②",兽食父者曰"獍③"。苛政④猛于虎,壮士气如虹⑤。"腰缠十万贯,骑鹤上扬州⑥",谓仙人而兼富贵;"盲人骑瞎马,夜半临深池",是险语之逼人闻。黔驴之技,技止此耳;鼯鼠之技⑦,技亦穷乎。强兼并者曰"鲸吞⑧",为小贼者曰"狗盗⑨"。养恶人如养虎,当饱其肉,不饱则噬;养恶人如养鹰,饥之则附,饱之则飏。"隋珠弹雀⑩",谓得少而失多;"投鼠忌器⑪",恐因甲而害乙。

事多曰"猬集",利小曰"蝇头"。心惑似"狐疑",人喜如"雀跃"。"爱屋及乌⑫",谓因此而惜彼;"轻鸡爱鹜⑬",谓舍此而图他。唆⑭恶为非,曰"教猱升木⑮";受恩不报,曰"得鱼忘筌⑯"。倚势害人,真是"城狐社鼠⑰";空存无用,何殊"陶犬瓦鸡⑱"。势弱难敌,谓之"螳臂当辙⑲";人生易死,乃曰"蜉蝣⑳在世"。小难

---

①割鸡之小,焉用牛刀:杀鸡这样的小动物,何必要用杀牛的刀呢? ②枭(xiāo):猫头鹰一类的鸟。传说小枭长大后会吃掉母枭。 ③獍(jìng):传说中像虎豹的恶兽,会吃它的父亲。 ④苛政:繁重的赋税和徭役。苛,繁琐。政,通"征",指赋税徭役。 ⑤壮士气如虹:传说燕太子丹派侠客荆轲去刺秦王时,曾出现过"白虹贯日"的景象。 ⑥"腰缠"二句:古代有几个人在一起谈论平生最大的志向,有一人想当扬州刺史,另一人想得到很多财富,还有一人想成仙骑鹤上天。最后一个人则说:"腰缠十万贯,骑鹤上扬州。"意思是三者都想拥有。 ⑦鼯(wú)鼠之技:传说鼯鼠有五种技能,但是都不精,反而落入困境。 ⑧鲸吞:像鲸鱼一样地吞食。 ⑨狗盗:像狗一样钻进别人家里偷东西。 ⑩隋珠弹雀:用夜明珠去弹鸟雀。隋珠,即隋侯的明月珠。 ⑪投鼠忌器:想打老鼠,又怕打坏了近旁的器物。 ⑫爱屋及乌:因为爱一个人而连带爱他屋上的乌鸦。 ⑬轻鸡爱鹜:轻视鸡而喜爱野鸭。 ⑭唆(suō):挑动别人去做坏事。 ⑮教猱(náo)升木:教唆猴子爬树。猱,猴子的一种,擅长爬树。 ⑯得鱼忘筌(quán):捕到了鱼,忘掉了渔具。筌,捕鱼用的竹器。 ⑰城狐社鼠:城墙上的狐狸,社庙里的老鼠。因为居住在"城"和"社"中,人们有所顾忌,不敢放手驱捕它们。社,土地庙。 ⑱陶犬瓦鸡:陶土做的狗,泥土塑的鸡。 ⑲螳臂当辙:也作"螳臂当车",螳螂举起前肢企图阻挡车子前进。当,阻挡。 ⑳蜉蝣(fú yóu):一种小飞虫,其成虫的生存期极短。

制大，如越鸡难伏鹄卵①；贱反轻贵，似鸴鸠反笑大鹏②。小人不知君子之心，曰"燕雀焉知鸿鹄志③"；君子不受小人之侮，曰"虎豹岂受犬羊欺"。

跖犬吠尧④，吠非其主；鸠居鹊巢⑤，安享其成。"缘木求鱼"，极言难得；"按图索骥"，甚言失真。恶人借势，曰"如虎负嵎⑥"；穷人无归⑦，曰"如鱼失水"。"九尾狐⑧"，讥陈彭年⑨素性诡而又奸；"独眼龙"，夸李克用⑩一目眇⑪而有勇。"指鹿为马"，秦赵高之欺主；"叱石成羊⑫"，黄初平之得仙。卞庄勇能擒两虎，高骈⑬一矢贯双雕。司马懿畏蜀如虎，诸葛亮辅汉如龙。

鹪鹩⑭巢林，不过一枝；鼹鼠⑮饮河，不过满腹。人弃甚易，

---

①越鸡难伏鹄卵：越地的小鸡难以孵化天鹅蛋。越鸡，越地所产的鸡，较小。伏，孵。鹄卵，天鹅蛋。　②鸴（xué）鸠反笑大鹏：目光短浅的人不能理解别人的远大志向。鸴鸠，也作"学鸠"，雀类小鸟，即斑鸠。大鹏，传说中的大鸟。　③燕雀焉知鸿鹄志：燕雀怎么能够了解天鹅的志向呢？燕雀，又叫花雀，比喻见识浅薄的人。鸿鹄，天鹅，比喻有远大抱负的人。　④跖（zhí）犬吠（fèi）尧：战国时期，齐国有个辩才出众的人叫貂勃，讲了相国田单很多坏话。田单听说后，备了酒席宴请他，问道："我有什么得罪你的地方？"貂勃说："盗跖的狗见到尧就狂叫不止，这不是因为跖高贵而尧低贱，狗只是去咬不是自己主人的人罢了。"田单于是用貂勃做了谋士，以后又推荐他做了朝廷的大官。跖，人名，相传是春秋时率领九千人横行天下的大盗，所以也称为盗跖。吠，狗叫。　⑤鸠居鹊巢：斑鸠非常笨拙，不善于筑巢，一般都住在喜鹊建好的巢中。鸠，斑鸠。　⑥如虎负嵎（yú）：像老虎背靠着山中险地，没有人敢靠近。负，凭借。嵎，也作"隅"，山势弯曲险峻的地方。　⑦归：没有归宿，没有依靠。　⑧九尾狐：传说中的奇兽，后来成为妖魅多诈的象征。　⑨陈彭年：北宋人。　⑩李克用：唐朝末年人，在战场上冲锋陷阵，骁勇善战，军中称为"飞虎子"。又因为一只眼睛失明，绰号"独眼龙"。　⑪眇（miǎo）：眼瞎。　⑫叱（chì）石成羊：传说魏晋时人黄初平十五岁的时候在山上放羊，被一个道士带到金华山学仙。哥哥去找他，问他羊在哪儿。黄初平在山的东面，哥哥却只看见一堆堆的白石头。黄初平大叫一声："羊儿快起来！"石头都变成了羊。　⑬高骈：唐朝末年人，年轻时看见两只大雕并排飞过，说："我如果会发达，肯定能射中一只。"射了一箭居然穿过两只大雕。后来高骈当上秦州刺史和淮南节度使。　⑭鹪鹩（jiāo liáo）：一种鸟，因为筑巢非常精巧，所以俗称巧妇鸟。　⑮鼹鼠：俗称圈鼠，善于掘洞。

曰"孤雏腐鼠①";文名共仰,曰"起凤腾蛟②"。"为公乎,为私乎",惠帝问虾蟆③;"欲左左,欲右右",汤德及禽兽④。鱼游于釜⑤中,虽生不久;燕巢于幕⑥上,栖身不安。妄自称奇,谓之"辽东豕";其见甚小,譬如"井底蛙⑦"。父恶子贤,谓是"犁牛之子⑧";父谦子拙,谓是"豚犬之儿⑨"。出人群而独异,如"鹤立鸡群";非配偶以相从,如"雉求牡匹⑩"。

"天上石麟⑪",夸小儿之迈众;"人中骐骥⑫",比君子之超凡。"怡堂燕雀⑬",不知后灾;"瓮里醯鸡⑭",安有广见。"马牛襟裾⑮",骂人不识礼义;"沐猴而冠⑯",笑人见不恢宏。"羊质虎皮⑰",讥其有文无实;"守株待兔",言其守拙无能。恶人如虎生翼,势必择人而食;志士如鹰在笼,自是凌霄⑱有志。"鲋鱼困涸

---

①孤雏腐鼠:孤独的小鸟,腐烂的老鼠。雏,幼鸟。　②起凤腾蛟:宛如凤凰起舞,蛟龙腾空。　③虾蟆:同"蛤蟆",青蛙和蟾蜍的统称。晋惠帝司马衷曾在华林园听见蛤蟆叫声,就问身边的人:"这些蛤蟆是为公家叫呢,还是为私人叫?"　④汤德:商汤捕猎张开网的三面,只留一面。　⑤釜:锅。　⑥幕:帐幕。　⑦井底蛙:井底下的青蛙只能看到井口那么大的一块天。　⑧犁牛之子:孔子将自己的学生仲弓比为"犁牛之子",认为他有做官的才能。犁牛,杂色的耕牛,据说仲弓的父亲只是个普通的贫民。　⑨豚犬之儿:豚犬,猪和狗。三国时期曹操看见孙权的部队后叹息说:"生儿子应该像孙权这样,刘表和他的儿子,都像猪狗一样。"刘表是当时的荆州刺史,平庸无能。　⑩雉求牡匹:野鸡和公兽匹配。飞禽的公母叫雌雄,走兽的公母叫牝牡。雉(野鸡)应该去和飞禽中的异性配偶,却去寻求公兽,比喻不是一类的动物淫乱。　⑪天上石麟:五代时的徐陵八岁就能写文章,著名僧人宝志摸着他的头顶说:"这是天上的仁兽石麒麟呀。"　⑫骐骥(qí jì):良马。　⑬怡堂燕雀:小鸟住在安适的堂屋里。怡,安适。　⑭瓮里醯(xī)鸡:瓦罐中的小虫。醯鸡,一种比蚊还小的飞虫。　⑮马牛襟裾:马和牛即使穿着衣服,本质还是牲畜。襟裾,指衣服。　⑯沐猴而冠:猕猴戴着人类的帽子。沐猴,猕猴。　⑰羊质虎皮:羊虽然披上虎皮,还是见到草就喜欢,碰到豺狼就怕得发抖,它的本性没有变。质,本性。　⑱凌霄:追近云霄。

辙①,难待西江水",比人之甚窘;"蛟龙得云雨②,终非池中物",比人大有为。"执牛耳③",谓人主盟;"附骥尾④",望人引带。"鸿雁哀鸣⑤",比小民之失所;"狡兔三窟⑥",诮贪人之巧营。

"风马牛⑦",势不相及;"常山蛇⑧",首尾相应。"百足⑨之虫,死而不僵",以其扶之者众;"千岁之龟,死而留甲⑩",因其卜之则灵。大丈夫宁为鸡口,毋为牛后⑪;士君子岂甘雌伏,定要雄飞。毋侷促⑫如辕下驹⑬,毋委靡如牛马走⑭。猩猩⑮能言,不离走兽;鹦鹉⑯能言,不离飞鸟。人惟有礼,庶可免相鼠⑰之刺;若徒能言,夫何异禽兽之心。

---

①鲋鱼困涸辙:见卷三"贫富"。 ②蛟龙得云雨:三国时刘备拜见孙权,请求出任荆州都督。周瑜劝孙权说:"刘备是一个枭雄,手下又有关羽、张飞这样的将领,肯定不会屈居人下。现在想担任荆州都督,恐怕就像蛟龙得到云雨一样飞上天空,终究不会是困在水池中的东西呀。" ③执牛耳:古代诸侯歃血为盟,割牛耳取血,盛牛耳于盘中,由主盟者执盘,因此称主盟者为"执牛耳"。 ④附骥尾:附在千里马的尾巴上。 ⑤鸿雁哀鸣:鸿雁悲哀地鸣叫。 ⑥狡兔三窟:狡黠的野兔筑巢时备有相通的三个洞窟。窟,洞穴。 ⑦风马牛:春秋时期齐国率领诸侯伐楚。楚君派人对诸侯的军队说:"你们在北海,我们在南海,就是马牛雌雄相引诱,也不会走失至对方的地界。"风,雌雄相引诱。 ⑧常山蛇:传说常山有一种蛇叫"率然",攻击它的头则尾部来救援,攻击它的尾部则头部来救援。 ⑨百足:虫名,又名马陆或马蚿,有十二环节,切断后仍能蠕动。 ⑩千岁之龟,死而留甲:古人认为龟是有灵性的神兽,寿命也很长,因此龟死后人们留下龟甲来占卜吉凶。 ⑪宁为鸡口,毋为牛后:鸡嘴虽小,可以自由啄食;牛屁股虽大,只能任人鞭打。 ⑫侷促:同"局促",拘谨,拘束,不自然。 ⑬辕下驹:车辕下不习惯驾车的幼马。驹,小马。 ⑭牛马走:像牛马一样供人驱使。 ⑮猩猩:一种大型哺乳动物,叫声就像小孩,所以传说能说人话。 ⑯鹦鹉:羽毛色彩美丽的小鸟,经过训练能模仿人说话。 ⑰相鼠:《诗经·鄘风·相鼠》中"相鼠有体,人而无礼。人而无礼,胡不遄死?"意思是说,看看连老鼠都有皮、有齿、有体,人只有讲礼仪,才可以避免不如老鼠的讽刺。

花　木

　　莲乃"花中君子①",海棠"花内神仙②"。"国色天香③",乃牡丹之富贵;"冰肌玉骨④",乃梅萼⑤之清奇。兰为"王者之香",菊为"隐逸之士⑥"。竹称"君子⑦",松号"大夫⑧"。"箟筜⑨",竹之别号;"木樨⑩",桂之别名。"明日黄花⑪",过时之物;"岁寒松柏⑫",有节之称。樗栎⑬乃无用之散材⑭,梗楠⑮胜大用之良木。"玉版",笋之异号;"蹲鸱⑯",芋之别名。瓜田李下⑰,事避嫌疑;秋菊春桃⑱,时来尚早。

　　苾刍⑲背阴向阳,比僧人之有德;木槿⑳朝开暮落,比荣华之

---

①花中君子:莲花品格高洁,所以说它是花中的君子。　②花内神仙:海棠花颜色艳丽而不妖冶,没有香气,所以说它是花内神仙。　③国色天香:牡丹花的香色可贵,不同于一般花卉。　④冰肌玉骨:形容梅花不畏严寒。　⑤梅萼(è):梅花的蓓蕾。　⑥隐逸之士:菊花在百花凋零后的九月开放,所以周敦颐称它为"花之隐逸者"。　⑦君子:阳明子说,竹有君子的四种美德,即根牢、身直、心空、有节,所以竹被称为"君子"。　⑧大夫:相传秦始皇上泰山封禅的时候,下起了暴雨,于是在一棵松树下休息,后来封这棵树为"五大夫"。五大夫是爵位名,秦朝、汉朝时二十等爵位的第九级。　⑨箟筜(yún dāng):生长在水边的大竹子。　⑩木樨:也作"木犀",即桂花。　⑪明日黄花:过了重阳的黄花。意思是即将凋谢,无欣赏价值。　⑫岁寒松柏:岁寒,一年的寒冬。松树和柏树天气再寒冷也不会凋零。　⑬樗栎(chū lì):樗树和栎树,都不是好木料。　⑭散材:不成材的树木。　⑮梗(pián)楠:黄梗木和楠木。　⑯蹲鸱:大芋头形状像蹲伏的鸱鸟。　⑰瓜田李下:古乐府《君子行》有这样两句:"瓜田不纳履,李下不正冠。"是说经过瓜田不要弯腰提鞋子,走过李树下不要举手扶正帽子,以避免偷瓜和摘李子的嫌疑。　⑱秋菊春桃:秋天的菊花九月开,春天的桃花三月开。　⑲苾刍(bì chú):一种植物,据说它有五种美德,背阴向阳是其中的一种。　⑳木槿(jǐn):一种落叶灌木,夏秋早上开花晚上闭。

第四单元

不长。"芒刺在背①",言恐惧不安;"薰莸异气②",犹贤否有别。桃李不言,下自成蹊③;道旁苦李,为人所弃。老人娶少妇,曰"枯杨生梯④";国家进多贤,曰"拔茅连茹⑤"。蒲柳之姿⑥,未秋先槁⑦;姜桂之性,愈老愈辛⑧。苻坚望阵,疑草木皆是晋兵⑨;索靖知亡⑩,叹铜驼会在荆棘。

王祐知子必贵,手植三槐⑪;窦钧五子齐荣,人称五桂⑫。钮麑触槐⑬,不忍贼⑭民之主;越王尝蓼⑮,必欲复吴之仇。修母画荻以教子⑯,谁不称贤;廉颇负荆以请罪⑰,善能悔过。王戎卖李

---

①芒刺在背:像有芒刺扎在背上一样。芒刺,植物茎叶、果壳上的细刺。
②薰莸异气:香草和臭草的气味不一样。薰,香草,比喻善类。莸,臭草,比喻恶物。
③桃李不言,下自成蹊(xī):比喻人只要真诚、忠实,就能感动别人。蹊,小路。
④枯杨生梯(tí):枯萎的老杨树又长出了芽。梯,植物的嫩芽。　⑤拔茅连茹:拔起茅草,根连在一起。茅,白茅,一种多年生的草。茹,植物根部互相牵连的样子。
⑥蒲柳之姿:指早衰,香蒲和柳树的叶子都是将到秋天就凋零。这是古时候称自己体质弱的客套话。蒲,一种草本植物。　⑦槁:枯干。　⑧愈老愈辛:用来比喻人年纪越大性格越刚强。辛,辣味。　⑨草木皆是晋兵:东晋时,前秦苻坚率领大军南下攻晋,晋朝的谢安、谢玄等率兵在淝水大败苻坚。交战前,苻坚登上城头观察晋军,见部阵整齐,将士精锐,八公山上的草木也都像人形,以为都是晋兵。　⑩索靖知亡:索靖是西晋尚书,知道天下将会大乱,有一次指着洛阳宫门口的铜驼叹息道:"下次恐怕会在荆棘丛中见到你了。"　⑪三槐:相传周朝宫廷外种有三棵槐树,三公朝见天子时,面向三槐而立。所以后人以三槐比喻三公。　⑫五桂:五代后周窦禹钧,五个儿子相继考中进士。当时人称为"窦氏五龙"、"燕山五桂",俗称"五子登科"。
⑬钮麑(chú ní)触槐:春秋时,晋灵公无道,赵盾屡次进谏,惹得晋灵公很不高兴,就派壮士钮麑前去刺杀赵盾。钮麑来到赵家,看见赵盾早早就穿好衣服准备上朝,态度非常恭敬,叹息道:"赵盾是百姓的主啊!杀害百姓的主,是不忠;不履行国君的使命,是不守信用。这两者只要有一种,都不如死了。"于是便一头撞死在槐树上。　⑭贼:杀害。　⑮越王尝蓼:春秋时越王勾践卧薪尝胆,立志复仇,眼睛困了就涂蓼驱除睡意。蓼,一种草,茎叶辛辣。　⑯画荻以教子:宋朝欧阳修四岁丧父,母亲郑氏亲自教儿子读书,家里贫穷买不起纸笔,就用荻秆在沙地上画字学习。荻,一种植物,长得像芦苇。　⑰负荆以请罪:见卷三"人事"。

钻核①，不胜鄙吝②；成王剪桐封弟③，因无戏言。齐景公以二桃杀三士④，杨再思谓莲花似六郎⑤。煮豆燃萁，比兄残弟；砍竹遮笋⑥，弃旧怜新。

冒雨剪韭⑦，郭林宗款友情殷；踏雪寻梅⑧，孟浩然自娱兴雅。商太戊能修德，祥桑自死⑨；寇莱公有深仁，枯竹复生⑩。王母蟠桃⑪，三千年开花，三千年结子，故人借以祝寿诞；上古大椿⑫，八千岁为春，八千岁为秋，故人托以比严君⑬。

---

①卖李钻核：西晋的王戎家里有一棵好李子树，他唯恐别人将种子留着栽培，因此出卖李子前常用钻子钻穿李核。　　②鄙吝：这里指过分爱惜钱财，吝啬。　　③剪桐封弟：周成王与弟弟叔虞玩游戏，把一片桐叶剪成玉圭的形状给叔虞，说："我把这个封给你。"一个名叫佚的史官请挑选日子册封叔虞，成王说："我是和弟弟开玩笑的。"佚说："天子不能有开玩笑的话，说出来就要记录到史书上。"　　④以二桃杀三士：齐景公要杀三个勇士，拿两个桃子说："请有功的人吃。"三个勇士争功，桃不够分，都自杀了。　　⑤莲花似六郎：唐朝张昌宗，小名叫六郎，容貌俊美，受到武则天的宠爱。内史杨再思奸佞谄媚，奉承说："人们都说六郎面似莲花，我认为是莲花像六郎。"　　⑥砍竹遮笋：砍掉竹子去遮护竹笋。多指在爱情上或对事物喜爱不专一。　　⑦冒雨剪韭：东汉人郭泰，字林宗，学识非常渊博。他种了一块菜园，有一次朋友范达晚上来了，郭林宗冒着大雨到地里割韭菜，做汤饼请朋友吃。　　⑧踏雪寻梅：唐代诗人孟浩然，曾经在大雪天骑着一头毛驴去寻找梅花。　　⑨祥桑自死：商朝第十代帝王太戊在位时，国都有棵桑树和楮树长在一起，一夜之间就长到一抱那么粗，并且纠缠在一起，百姓们都说有妖怪。太戊也很害怕，就问伊陟。伊陟说："我听说妖怪也害怕圣明的人，您只要勤于修德，妖怪也会害怕的。"太戊于是听从伊陟的话，过了几天桑树就枯死了。祥，本指吉凶的征兆，这里指凶兆、妖怪。　　⑩枯竹复生：北宋宰相寇准，封莱国公，宋真宗时被贬到雷州。在路上，他剪下一根笔杆插在神祠前说："寇准如果没有辜负国家的话，这根枯竹一定会再活过来。"不久枯竹果然活了。　　⑪王母蟠桃：相传汉武帝过生日时，天上的王母送来七颗桃。汉武帝想留下桃核做种子，王母说："这桃树三千年开花，三千年结果，不是人间所能种植的。"　　⑫上古大椿：《庄子·逍遥游》中说上古有一棵大椿树，以八千岁为春，八千岁为秋。　　⑬严君：指父亲。

第五单元 短文选粹

阅读提示

本单元所选短文 18 则以文识鉴赏、技术学练、勤奋攻读、注意方法为中心，其中不少典故脍炙人口。如李贺的呕心作诗，贾岛的字斟句酌、反复推敲，王安石为"春风又绿江南岸"一个"绿"字，反复改换十多字，董遇的"读书百遍，其义自见"等，都能启迪我们的心志。

教 学 相 长

虽有嘉肴①，弗②食，不知其旨③也；虽有至道④，弗学，不知其善⑤也。是故⑥学然后知不足，教然后知困⑦。知不足然后能自反也⑧，知困然后能自强⑨也。故曰：教学相长也⑩。

——《礼记·学记》

---

①嘉肴(yáo)：美味的食物。嘉：很好。肴：熟的鱼肉等，熟食。　②弗：不。③旨：味美，好吃。　④虽：即使。至道：至高无上的道理，最好的道理。　⑤善：好处。　⑥是故：因此。　⑦知困：知道自己在学习中不知道的地方。困：本意为窘迫，在此引申为困惑，不懂。　⑧知不足：知道自己有不够之处。自反：反过来严格要求自己，即反省自己。　⑨自强：自己奋发图强。强：使动用法，使……强。⑩教学相长：教和学互相促进。

染 丝

　　子墨子①见染丝者而叹曰："染于苍②则苍，染于黄则黄。所入者变，其色亦③变。五入必④，而已⑤则为五色矣。故染不可不慎⑥也。"

——《墨子·所染》

曾子杀猪

　　曾子之妻之市⑦，其子随之而泣。其母曰："女⑧还，顾反为女杀彘⑨。"妻适市来，曾子欲捕彘杀之，妻止之曰："特与婴儿⑩戏耳。"曾子曰："婴儿非与戏也。婴儿非有知也，待父母而学者也，听父母之教。今子⑪欺之，是教子欺也。母欺子，子而不信其母，非所以成教也。"遂烹⑫彘也。

——《韩非子·外储说左上》

---

①子墨子：即墨子，墨翟，战国初鲁国人，哲学家，是墨家学派的创始人。前一个"子"，是对墨子的尊称，可作先生讲。　②苍：青色。　③亦：也。　④五入：染五次。必：同"毕"，完。　⑤而已：完了，了结，然后。　⑥慎：慎重，谨慎。　⑦曾子：名参，字子舆，孔子的学生。之市：到集市上去。之：到，往。　⑧女：同"汝"，人称代词，你。　⑨反：同"返"。彘(zhì)：猪。　⑩婴儿：泛指儿童。特……耳：不过……罢了。特，不过，只是。耳，同"尔"，罢了。　⑪子：您。爱称。　⑫烹：烧煮食物。

第五单元

薛 谭 学 讴

薛谭学讴于秦青①，未穷②青之技，自谓尽之，遂辞归。秦青弗止③，饯于郊衢④。抚节悲歌⑤，声振林木，响遏⑥行云。薛谭乃谢求反⑦，终身不敢言归。

——《列子·汤问》

折 箭

阿豺⑧有子二十人，纬代，长子也。阿豺谓曰："汝等各奉⑨吾一支箭。"折之地下。俄而⑩命母弟慕利延曰："汝取一支箭折之。"慕利延折之。又曰："汝取十九支箭折之。"延不能折。阿豺曰："汝曹⑪知否？单者易折，众则难摧⑫。戮⑬力一心，然后社稷⑭可固。"

——《魏书·吐谷浑传》

---

①讴：唱歌。秦青：战国时秦国的著名歌唱家。于：介词，这里作"向"解。②穷：尽，全部掌握。　③弗止：不阻止。　④饯：饯行，设宴饮酒送行。郊衢：郊外的大路。　⑤抚节：按着节拍。抚：轻轻地打。节：节拍。悲歌：慷慨激昂地高歌。　⑥遏：阻止，阻住。　⑦谢：检查过错，表示歉意。反：同"返"。⑧阿豺：少数民族吐谷(yù)浑的首领。"豺"也写作"柴"。吐谷浑原游牧于今辽宁锦县西北。西晋末首领吐谷浑率所部迁到西北（约在今甘肃西南和青海一带）。　⑨奉：呈献。　⑩俄而：一会儿。　⑪汝曹：你们。曹：辈。　⑫摧：折。　⑬戮力：合力，共同尽力。　⑭社稷：古代帝王和诸侯所祭的土神和谷神，后来代指国家。社：土地神。稷：谷神。

读书百遍　其义自见

人有从学者，遇①不肯教，而云"必当先读百遍"。言："读书百遍，而义自见②。"从学者云："苦渴无日③。"遇言："当以'三余'。"或问"三余"之意，遇言："冬者岁之余，夜者日之余，阴雨者时④之余也。"

——《三国志·魏书·王肃传注引〈魏略〉》

一　字　师

郑谷⑤在袁州，齐己⑥因携所为诗往谒焉⑦。有《早梅》诗曰："前村深雪里，昨夜数枝开。"谷笑谓曰："'数枝'非早也，不若'一枝'则佳。"齐己矍然⑧，不觉兼⑨三衣⑩叩地膜拜⑪。自是⑫，士林⑬以谷为齐己一字之师。

——《五代史补》

---

①遇：即董遇，三国时魏国人。　②见(xiàn)：同"现"。　③苦渴无日：苦于没有时间。　④时：随时随刻。　⑤郑谷：唐朝诗人，字守愚，袁州（今江西宜春市）人。　⑥齐己：唐朝和尚，本姓胡，名得生，益阳（今属湖南）人，善作诗。　⑦谒：请见，拜见（地位或辈分高的人）。焉，代郑谷。　⑧矍(jué)然：吃惊注视的样子，含有敬佩的意思。　⑨兼：提起，撩起。　⑩三衣：和尚的大衣、上衣、内衣合称三衣，指衣服。　⑪膜拜：举手加额，长跪而拜，表示极其恭敬的行礼方式。　⑫自是：从此。是：这，此。　⑬士林：旧时称读书人叫学士；士林，即指众多读书人。

第五单元

獐边者是鹿

王元泽①数岁时,客有以一獐一鹿同器②以献。问元泽:"何者是獐?何者是鹿?"元泽实未识,良久对曰:"獐边者是鹿,鹿边者是獐。"客大奇之。

——冯梦龙《古今谭概》

解铃系铃

金陵③清凉泰钦法灯禅师在众日,性豪逸,不事事。众易④之,法眼独契重⑤。眼一日问众:"虎项金铃,是谁解得?"众无对。师适至,眼举前语问,师曰:"系者解得。"眼曰:"汝辈轻渠⑥不得。"

——瞿汝稷《指月录》

---

①王元泽(1044—1076):名雱(pāng),字元泽,北宋宰相王安石的儿子,北宋学者。　②同器:放在同一个笼子里。　③金陵:古地名,今江苏南京市。　④易:轻视。　⑤法眼:南唐高僧。中国佛教史上称为"法眼宗"(禅门五宗之一)的始祖。住金陵清凉寺。当时泰钦法灯禅师也在该寺住。契重:投合珍重。　⑥渠:他(清凉泰钦法灯禅师)。

短文选粹

白居易拜见顾况

白乐天初举①,名未振②,以歌诗谒顾况③。况谑④之曰:"长安百物贵,居大不易⑤。"及读至《赋得原上草送友人》⑥,诗曰:"野火烧不尽,春风吹又生",况叹之曰:"有句如此,居天下有甚难!老夫⑦前言戏之耳。"

——五代·王定保《唐摭言》

呕心作诗

李贺恒从小奚奴⑧,骑距驉⑨,背一古破锦囊⑩,遇有所得,即书投囊中。及暮归,太夫人使婢受囊出之⑪,见所书多,辄⑫曰:"是儿要当呕出心乃已尔⑬!"

——《李长吉小传》

---

①白乐天:即唐代大诗人白居易,字乐天。举:参加科举考试,这里指考进士。 ②未振:未引起震动。振:同"震",震动。 ③顾况:唐朝诗人,字逋翁,苏州海盐(今属浙江)人。曾做著作郎,主管著作局,掌撰拟文字,编纂国史。 ④谑(xuè):开玩笑,戏弄。 ⑤居大不易:白居易的"居易",意思是"处于平易不危的地方",不作"居住容易"讲。顾况故意讲,在物价昂贵的京都长安,生活居住很不容易,是在开白居易的玩笑。 ⑥《赋得原上草送友人》:此诗今本名为《赋得古原草送别》。赋:作诗,吟诗。 ⑦老夫:老年男性对自己的谦称。 ⑧李贺:昌谷(今河南宜阳县西)人,字长吉,唐代著名诗人。恒:经常。小奚奴:小童仆。旧时称仆役为奚奴。奚,古代的一种奴隶。 ⑨距驉(xū):即"驉驉"。《汉书》颜师古注,"似骡而小"。亦称驴。 ⑩锦囊:用锦做的袋子,常用来装文稿或机密文件。锦,有彩色花纹的丝织品。 ⑪太夫人:古代指母亲。婢:女仆人。 ⑫辄(zhé):总是,就。 ⑬已尔:罢休啊。已,止。尔,语气词。

第五单元

推 敲

贾岛赴举至京①，骑驴赋诗，得"僧推月下门"之句。欲改"推"作"敲"，引手②作推敲之势，未决。不觉冲大尹韩愈③，乃具言④。愈曰："'敲'字佳矣。"遂并辔⑤论诗。

——计有功《唐诗纪事》

为了一个"绿"字

王荆公⑥绝句云："京口瓜洲⑦一水间，钟山⑧只隔数重山。春风又绿江南岸，明月何时照我还？"吴中士人家藏其草⑨，初云"又到江南岸"，圈去"到"字，注曰"不好"，改为"过"；复圈去而改为"入"；旋⑩改为"满"。凡如是十许字，始定为"绿"。

——洪迈《容斋续笔》

---

①贾岛：唐代诗人。赴举至京：去到京城投考。赴，去，前往。举，科考取士叫举。 ②引手：伸手。 ③冲：冲撞，碰撞。大尹：这里指京兆尹。唐开元初改雍州长史为京兆尹。尹，唐时把都城的行政长官称尹。韩愈：唐代文学家，字退之，河阳（今河南孟县）人。 ④具言：全部说出来。具，全部。 ⑤辔(pèi)：驾驭牲口的嚼子和缰绳。这里代指驴、马。 ⑥王荆公：即王安石，抚州临川（今江西抚州市）人。北宋政治家、文学家。曾任宰相，实行变法。这首诗题名《泊船瓜洲》，是他变法失败后，回乡途中，夜间停泊在瓜洲时写的。 ⑦京口瓜洲：瓜洲在今长江北面的江苏邗(hán)江县南，与京口（今江苏镇江市）隔江斜对。 ⑧钟山：今南京市紫金山。 ⑨草：草稿，初稿。 ⑩旋：随即，不久。

满城风雨

黄州潘大临①，工诗②，有佳句。然贫甚。临川谢无逸③以书问："近新作诗否？"潘答书曰："秋来景物，件件是佳句，恨为俗气所蔽翳④。昨日清卧，闻搅⑤林风雨声，遂起题壁曰：满城风雨近重阳⑥。忽催税人至，遂败意，止此一句奉寄。"

——惠洪《冷斋夜话》

欧阳修谈作文

顷岁⑦，孙莘老识欧阳文忠公⑧，尝乘间⑨以文字问之。云："无它术，唯勤读书而多为之，自工⑩；世人患⑪作文字少，又懒读书，每一篇出，即求过人，如此少有至者。疵病不必待人指摘⑫，多作自能见之。"

——苏轼《东坡志林》

---

①潘大临：字邠（bīn）老，北宋黄州（今湖北东部长江以北黄冈市一带）人。②工诗：善于做诗。　③谢无逸：谢逸，字无逸，北宋临川（今江西抚州市）人。他和潘大临都是宋代诗人。　④蔽翳（yì）：遮盖。　⑤搅：扰乱，打乱。　⑥重阳：重阳节，农历九月初九日。　⑦顷岁：近年来。　⑧孙莘老：孙觉，字莘老。北宋高邮（今属江苏）人，哲宗时，为龙图阁学士。欧阳文忠公：即欧阳修，北宋大文学家。文忠，欧阳修死后给予他的称号。　⑨乘间：乘机，乘着间隙。　⑩工：精，妙。　⑪患：弊病。　⑫疵病：细小的毛病，引申为一般的缺点错误。指摘：挑剔，批评。

第五单元

牧童评画

蜀中有杜处士①,好书画,所宝②以百数。有戴嵩《牛》一轴③,尤所爱,锦囊玉轴④,常以自随。一日,曝书画,有一牧童见之,拊掌⑤大笑,曰:"此画斗牛也。牛斗力在角,尾搐⑥入两股间。今乃掉尾⑦而斗,谬矣!"处士笑而然之⑧。

——苏轼《东坡题跋·卷五》

听棋自愧

王积薪棋术功成⑨,自谓天下无敌。将游京师⑩,宿于逆旅⑪。既灭烛,闻主人媪⑫隔壁呼其妇曰:"良宵难遣⑬,可棋⑭一局乎?"妇曰:"诺。"媪曰:第几道下子矣。妇曰:第几道下子矣。各言数十。媪曰:"尔败矣。"妇曰:"伏局⑮。"积薪暗记,明日复其势⑯,意思⑰皆所不及也。

——李肇《国史补》

---

①处士:古时称有才德而隐居不做官的读书人。　②宝:珍藏。　③戴嵩:唐代画家,以画山泽水牛著名,与唐代另一位善于画马的画家韩干,被世人并称为"韩马戴牛"。一轴:一幅画叫一轴。古代的书画装成卷轴形,以便于保存。　④锦囊玉轴:用彩锦做囊,玉石做卷轴,以示珍贵。　⑤拊(fǔ)掌:拍手。　⑥搐(chù):抽缩,此处指夹起尾巴。　⑦掉尾:摇动尾巴。掉,摇。　⑧然之:以之为然,是这样。然,是,对。　⑨王积薪:唐代著名棋手。棋术:下围棋技术。棋,指围棋。　⑩京师:指京都长安(今陕西西安市)。　⑪逆旅:客店。逆,迎止。　⑫媪(ǎo):老年女人。是下文"妇"的婆母。　⑬良宵:美好的夜晚。遣:消遣。用自己感觉愉快的事来度过空闲时间。　⑭棋:下棋。　⑮伏局:认输,承认棋下败了。　⑯势:棋的局势。　⑰意思:这里指婆媳下棋的思路、技术。

揠苗助长

宋人有闵其苗之不长而揠之者①,芒芒然②归,谓其人③曰:"今日病④矣!予助苗长矣!"其子趋⑤而往视之,苗则槁⑥矣。

——《孟子·公孙丑上》

---

①闵(mǐn):忧虑,担心。揠(yà):拔。 ②芒芒然:疲倦的样子。 ③其人:指他家里的人。 ④病:十分劳累,累坏。 ⑤趋:快走。 ⑥槁(gǎo):枯萎,干枯。

第六单元 诗吟春景（下）

阅读提示

本单元再选了春景诗50首，其中五绝6首，七绝32首，五律4首，七律8首。吟诵这些诗篇，给人以春的感染，美的享受。

春　怨

金昌绪①

打起黄莺儿，莫教枝上啼②。
啼时惊妾梦③，不得到辽西④。

相　思

王　维⑤

红豆⑥生南国，春来发几枝？
愿君多采撷⑦，此物最相思。

---

①作者金昌绪，生卒年不详。余杭（今浙江杭州市）人，身世不可考，诗传于世仅《春怨》一首。　②莫：不。　③妾：女子的自称。　④辽西：古郡名，在今辽宁省辽河以西地方。　⑤王维（701—761），唐代诗人。字摩诘。祖籍山西祁县，唐朝诗人，外号"诗佛"。有《王右丞集》。　⑥红豆：又名相思子，一种生在岭南地区的植物，结出的籽像豌豆而稍扁，呈鲜红色。　⑦采撷(xié)：采摘。

绝 句

杜 甫

迟日江山丽①,春风花草香。
泥融飞燕子②,沙暖睡鸳鸯。

春 游 曲

王 涯③

万树江边杏,新开一夜风④。
满园深浅色⑤,照在绿波中。

暮 春

翁 格⑥

莫怨春归早,花余几点红。
留将根蒂在,岁岁有东风。

---

①迟日:春日。　②融:融和,柔软。这句是说,燕子飞来飞去啄着柔软的泥土。　③作者王涯,生卒年不详,字广津,太原人,贞元年间进士。其五、七言绝句中的一些即景小诗,写得清秀明快。《全唐诗》存诗一卷。　④新开:刚刚开放。一二句是说,一夜春风吹拂,江边上千万树杏花,一齐绽苞而放。　⑤深浅色:指深浅不同颜色的杏花。　⑥作者翁格,生卒年不详,字去非,江苏吴县人,清代诗人。

梅　花

汪　中①

孤馆寒梅发，春风款款来②。
故园花落尽，江上一枝开。

桃 花 溪③

张　旭

隐隐飞桥隔野烟④，石矶西畔问渔船⑤。
桃花尽日随流水，洞在清溪何处边⑥？

西亭春望

贾　至⑦

日长风暖柳青青，北雁归飞入窅冥⑧。

---

①作者汪中（1744—1794），字容甫，江苏江都（今扬州市）人。清代学者、诗人。
②款款：徐缓的样子。　　③桃花溪：在今湖南桃源县西南。作者张旭，生卒年不详，字伯高，吴郡（治所在今江苏苏州市）人。盛唐著名的大书法家，狂草最为著称。他的草书，与李白的诗、裴旻的剑舞，当时被称为"三绝"。他的诗，今存六首，都是写自然景色的绝句，构思新颖，意境幽深，独具一格。　　④飞桥：高桥。　　⑤石矶：河流中露出的石堆。　　⑥洞：指《桃花源记》中武陵渔人找到的洞口。　　⑦作者贾至（718—772），字幼邻，河南洛阳人。盛唐诗人。　　⑧窅（yǎo）冥：深远幽隐的样子。

岳阳楼上闻吹笛,能使春心满洞庭。

兰溪棹歌

戴叔伦①

凉月如眉挂柳湾②,越中山色镜中看③。
兰溪三日桃花雨④,半夜鲤鱼来上滩。

滁州西涧⑤

韦应物

独怜幽草涧边生⑥,上有黄鹂深树鸣⑦。
春潮带雨晚来急,野渡无人舟自横⑧。

---

①作者戴叔伦(732—789),字幼公,润州金坛(今江苏金坛市)人。其诗写景抒情,情深韵远,耐人寻味。 ②柳湾:生长着柳树的水湾。 ③越中:指浙江东部一带,古时属越国。镜:形容平静的水面。 ④桃花雨:春雨。 ⑤滁州:今安徽滁州市。西涧:滁州城西郊的一条小溪,有人称上马河。即今天的西涧湖(原城西水库)。作者韦应物(737—792),唐代诗人,长安(今陕西西安市)人。因做过苏州刺史,世称"韦苏州"。诗风恬淡高远,以善于写景和描写隐逸生活著称。今传有十卷本《韦江州集》、两卷本《韦苏州诗集》、十卷本《韦苏州集》。 ⑥独怜:独爱。 ⑦黄鹂:黄莺。深树:树阴深处。 ⑧野渡:荒郊野外无人管理的渡口。自横:自由自在地漂浮着。横:指随意漂浮。

第六单元

晚 春

韩 愈①

草树知春不久归,百般红紫斗芳菲。
杨花榆荚无才思②,惟解漫天作雪飞③。

乌 衣 巷④

刘禹锡

朱雀桥边野草花⑤,乌衣巷口夕阳斜。
旧时王谢堂前燕⑥,飞入寻常百姓家⑦。

---

①作者韩愈(768—824),字退之,河南河阳(今河南孟县西)人。中唐杰出文学家。　②杨花:柳絮。榆荚(jiá):榆钱,老时呈白色,随风飘落。才思(sī):才情。　③惟解:只知。　④乌衣巷:在今南京市东南,文德桥南岸,是三国东吴时的禁军驻地。由于当时禁军身着黑色军服,所以此地俗称乌衣巷。在东晋时因王导、谢安两大家族都居住在乌衣巷,人称其子弟为"乌衣郎"。作者刘禹锡(772—842),字梦得,浙江嘉兴市人,为匈奴族后裔。他的诗精炼含蓄,往往能以清新的语言表达自己对人生或历史的深刻理解,因而被白居易推崇备至,后世誉之为"诗豪"。　⑤朱雀桥:在今江苏南京市江宁区,横跨秦淮河。　⑥旧时:晋代。　⑦寻常:平常。

题鹤林寺僧舍

李 涉①

终日昏昏醉梦间,忽闻春尽强登山。
因过竹院逢僧话②,偷得浮生半日闲③。

江 南 春

杜 牧④

千里莺啼绿映红,水村山郭酒旗风⑤。
南朝四百八十寺⑥,多少楼台烟雨中⑦。

---

①作者李涉,生卒年不详,自号清溪子,河南洛阳市人。中唐诗人。 ②因:顺便。过:造访。 ③浮生:虚浮无定的人生。 ④作者杜牧(803—852年),字牧之,号樊川居士,京兆万年(今陕西西安市)人,唐代诗人,人称"小杜",以别于杜甫。与李商隐并称"小李杜"。因晚年居长安南樊川别墅,故后世称"杜樊川",著有《樊川集》。 ⑤山郭:靠山的城墙。郭:外城。酒旗:酒帘,高悬在酒店外的标志。
⑥南朝:东晋后在建康(今南京市)建都的宋、齐、梁、陈四朝合称南朝。当时的统治者都好佛,修建了大量的寺院。四百八十寺:南朝皇帝和大官僚好佛,在京城(今南京市)大建佛寺。据《南史·循吏·郭祖深传》说:"都下佛寺五百余所。"这里说四百八十寺,是大概数字。 ⑦楼台:指寺庙。

第六单元

清 明
杜 牧

清明时节雨纷纷①,路上行人欲断魂②。
借问酒家何处有,牧童遥指杏花村。

叹 花③
杜 牧

自是寻春去校迟④,不须惆怅怨芳时⑤。
狂风落尽深红色,绿叶成阴子满枝⑥。

---

①纷纷:多而杂乱,这里形容春天细密的小雨。　②行人:指在外旅行的人。断魂:这里形容心情忧伤。　③叹花:对于春天过去百花凋落表示叹惜。　④寻春:寻访春天的美景。校:通"较",这里是略微的意思。　⑤惆怅:难过。芳时:美好的季节,指春天。　⑥这两句是说,虽然狂风把鲜红的花全吹落了,可是树木枝繁叶茂,树枝上结满了果实,新的景象同样是可爱的。

台 城①

韦 庄

江雨霏霏江草齐,六朝如梦鸟空啼②。
无情最是台城柳,依旧烟笼十里堤。

柳 枝 词③

郑文宝

亭亭画舸系春潭④,直到行人酒半酣。
不管烟波与风雨,载将离恨过江南。

---

①台城:旧址在今南京市鸡鸣山南玄武湖畔,本是三国时代吴国的后苑城,东晋成帝时改建。作者韦庄(836—910),字端己,杜陵(今陕西西安市附近)人,诗人韦应物的第四代孙,唐朝花间派词人,词风清丽,有《浣花词》流传。曾任前蜀宰相,谥文靖。　②空:白白地、徒劳地。　③柳枝词:亦名"杨柳枝",乐府近代名曲。作者郑文宝(953—1013),字仲贤,汀州宁化(今属福建)人。太平兴国八年(983)进士,历官陕西转运使、兵部员外郎。其诗清新婉丽,多警句,颇受司马光、欧阳修欣赏。　④画舸:装饰华美的船。

春居杂兴

王禹偁①

两株桃杏映篱斜,妆点商州副使家。
何事春风容不得,和莺吹折数枝花。

清 明

王禹偁

无花无酒过清明,兴味萧然似野僧。
昨日邻家乞新火,晓窗分与读书灯。

画眉鸟

欧阳修②

百啭千声随意移③,山花红紫树高低。

---

①作者王禹偁(954—1001),字元之,济州巨野(今属山东)人。太平兴国八年进士,历右拾遗、左司谏、知制诰等职。其文学主张和诗文创作开欧阳修等诗文革新先河。有《小畜集》、《小畜外集》。 ②作者欧阳修(1007—1073),字永叔,号醉翁,又号六一居士。吉安永丰(今属江西)人,谥号文忠,世称欧阳文忠公,北宋卓越的文学家、史学家。 ③百啭千声:形容画眉叫声婉转,富于变化。啭:鸟婉转地啼叫。随意:随着自己(鸟)的心意。

始知锁向金笼听①,不及林间自在啼②。

过故洛阳城③

司马光

四合连山缭绕青④,三川㴠漾素波明⑤。
春风不识兴亡意,草色年年满故城。

送　春

王　令⑥

三月残花落更开⑦,小檐日日燕飞来。
子规夜半犹啼血,不信东风唤不回⑧。

---

①始知:现在才知道。锁向:关起来。金笼:贵重的鸟笼,喻指不愁吃喝、生活条件优越的居所。　②不及:比不上。　③故洛阳城:隋唐时洛阳旧城。作者司马光(1019—1086),字君实。陕州夏县(今山西文喜县)涑(sù)水乡人,世称涑水先生。宝应元年(1038)进士,官至宰相,卒赠温国公,谥文正。历时19年撰成《资治通鉴》,为杰出史学家。长于散文,亦能诗,诗风闲婉、幽淡。有《司马文正公集》、《稽古录》等。　④四合句:洛阳地处伊洛盆地,南临伊阙,背靠邙山,四面合围,群山缭绕。　⑤三川:指黄河、伊水、洛水。㴠漾:摇荡。素波:白色波浪。　⑥作者王令(1032—1059),北宋诗人,字逢源。原籍元城(今河北大名县)。著有《广陵集》、《拾遗》、《附录》、《年谱》等。　⑦更开:即还有开花者。　⑧不信:虽则不信,然春去依旧。

第六单元

春 日（二首选一）

晁冲之①

阴阴溪曲绿交加②，小雨翻萍上浅沙。
鹅鸭不知春去尽，争随流水趁桃花③。

春 日 书 事

张 耒④

虫飞丝堕两悠扬，人意迟迟日共长。
春草满庭门寂寂，数棂窗日挂空堂⑤。

---

①作者晁冲之，生卒年不详，晁补之（1053—1110）之弟，字叔用，济州巨野（今属山东）人。北宋诗人。　②溪曲：溪水曲折的地方。　③趁：追逐。　④作者张耒（1054—1114），字文潜，号柯山，楚州怀阴（今属江苏）人。北宋诗人，"苏门四学士"之一。⑤棂（líng）：旧式房屋的窗格。

春 游 湖①

徐 俯

双飞燕子几时回,夹岸桃花蘸水开②。
春雨断桥人不度③,小舟撑出柳阴来。

春日田园杂兴（十二选一）

范成大④

土膏欲动雨频催⑤,万草千花一饷开⑥。
舍后荒畦犹绿秀,邻家鞭笋过墙来⑦。

---

①湖:指杭州西湖。作者徐俯(1075—1141),字师川,自号东湖居士,黄庭坚之甥。因父死于国事,授通直郎,累官右谏议大夫。绍兴二年(1132),赐进士出身。三年,迁翰林学士,擢端明殿学士,签书枢密院事,官至参知政事。工诗词,语言秀丽,意境开阔。　②夹岸:两岸。蘸水开:形容桃花开得水灵,如同从湖水里蘸过一样。③断桥:把桥面淹没了。人不度:人过不去。度:同"渡"。　④作者范成大(1126—1193),字致能,号石湖居士,平江(今江苏苏州市)人。绍兴二十四年(1152)进士。有《石湖居士诗集》、《石湖词》等。　⑤土膏:滋润、肥沃的土壤。欲动:暖气上升。　⑥一饷:同"一晌",顷刻。　⑦鞭笋:竹的茎根,有竹节而中实似鞭。这句的意思是:邻家的竹根从我家的墙下穿过来,冒出新笋。

晚春田园杂兴（十二选一）

范成大

蝴蝶双双入菜花，日长无客到田家①。
鸡飞过篱犬吠窦②，知有行商来买茶。

横 塘③

范成大

南浦春来绿一川④，石桥朱塔两依然⑤。
年年送客横塘路，细雨垂杨系画船。

宿新市徐公店⑥

杨万里

篱落疏疏一径深⑦，树头新绿未成阴。

---

①日长：到了晚春，白天的时间渐长。　②犬吠窦：狗在狗洞前叫。　③横塘：在吴县西南十里处，距作者的石湖别墅不远。　④南浦：本为地名，后来泛指送行的地方。　⑤石桥：以唐人张继《枫桥夜泊》诗出名的枫桥，在横塘北端。朱塔：指横塘寺塔。　⑥新市：今浙江德清县新市镇。杨万里迷恋新市西河口的美酒，痛饮大醉，留住新市徐公店。作者杨万里（1127—1206），字廷秀，号诚斋。吉水（今江西吉安市）人。南宋杰出诗人，与尤袤、范成大、陆游齐名，称南宋四大家。其诗写景清新活泼，语言平易自然，很有特色，时称杨诚斋体。有《诚斋集》。　⑦篱落：篱笆。疏疏：稀稀疏疏。径：小路。深：深远。

儿童急走追黄蝶，飞入菜花无处寻。

春　日①

朱　熹

胜日寻芳泗水滨②，无边光景一时新③。
等闲识得东风面④，万紫千红总是春。

绝　句

吴　涛⑤

游子春衫已试单，桃花飞尽野梅酸。
怪来一夜蛙声歇，又作东风十日寒。

农　谣（五首选一）

方　岳⑥

漠漠余香着草花⑦，森森柔绿长桑麻⑧。
池塘水满蛙成市，门巷春深燕作家。

---

①春日：春天。作者朱熹(1130—1200)，南宋哲学家。字元晦(huì)，一字仲晦，号晦庵，别称紫阳，徽州婺源（今江西婺源县）人。宋代理学的集大成者。　②胜日：天气晴朗的好日子，也可看出诗人的好心情。寻芳：游春，踏青。泗水：河名，在山东省。滨：水边，河边。　③光景：风光景色。　④等闲：平常、轻易。"等闲识得"是容易识别的意思。东风：春风。　⑤作者吴涛，生卒不详，字德邵，抚州崇仁（今江西崇县）人。南宋诗人。　⑥作者方岳（1198－1262），字巨山，号秋崖，歙州祁门（今属安徽）人。南宋诗人。　⑦漠漠：弥漫的样子。　⑧森森：繁密的样子。

暮春即事①

叶 采

双双瓦雀行书案②,点点杨花入砚池。
闲坐小窗读《周易》③,不知春去几多时。

梅 花

王 冕④

三月东风吹雪消,湖南山色翠如浇。
一声羌管无人见⑤,无数梅花落野桥。

萧皋别业竹枝词⑥

沈明臣

青黄梅气暖凉天⑦,红白花开正种田。

---

①即事:就一事而生的感想作成的诗篇。作者叶采,生卒年不详,字仲圭,号平岩,建阳(今属福建)人。宋理宗淳祐元年(1241)进士,南宋诗人。 ②瓦雀:在屋瓦上跳动的麻雀,这里指它们的影子。 ③《周易》:亦称《易经》,儒家主要经典之一,号称"群经之首"。 ④作者王冕(1335—1407),字元章,号梅花屋主,煮石山农、绍兴诸暨(今属浙江)人。元末诗人、画家、篆刻家。 ⑤羌管:又称羌笛,古羌族的一种乐器。 ⑥萧皋别业:作者的朋友李宾父别墅的名称。别业:即别墅。竹枝词:原为四川东部一带的民歌,后为文人拟作,内容多写乡土景色及风俗、恋情之类,语言通俗。作者沈明臣(1518—1596),字嘉则,号句章山人,晚号栎社长,鄞县(今浙江宁波市)人,明代诗人。平生作诗七千余首,与王叔承、王稚登同称为万历年间三大"布衣诗人"。著有《丰对楼诗选》四十三卷,《越草》一卷。另著有《荆溪唱和诗》《吴越游稿》《通州志》等。 ⑦梅气:梅子散发的气味。暖凉天:天气时暖时凉。

燕子巢边泥带水,鹁鸠声里雨如烟①。

阳湖道中

张问陶②

风回五两月逢三③,双桨平拖水蔚蓝。
百分桃花千分柳,冶红妖翠画江南④。

邠 州⑤

谭嗣同

棠梨树下鸟呼风⑥,桃花溪边白复红。
一百里间春似海,孤城掩映万花中。

---

①泥带水:指梅雨连绵,空气潮湿,燕巢的泥里也饱含水分。鹁鸠:鸟名,即鹁鸪、鹁姑,羽毛黑褐,天要下雨或刚放晴的时候,常在树上叫,其鸣声也像呼"鹁鸪"。雨如烟:雨小而细,像轻烟一样。　②作者张问陶(1764—1814),清代诗人。字仲冶,一字柳门,因故乡四川遂宁城郊有一座孤绝秀美的小山,形如船,名船山,便自号船山,也称"老船",因貌似猿,亦自号"蜀山老猿",其诗被誉为清代"蜀中诗人之冠"。乾隆五十五年(1790)进士,曾任翰林院检讨、都察院御史、吏部郎中。有《船山诗草》。　③五两:候风羽,用羽毛做成,挂在桅杆顶上看风向。月逢三:适逢春季三月。　④冶红妖翠:形容桃红柳绿,颜色十分艳丽。　⑤邠(bīn)州:州名,原作豳,唐改为邠州。今为陕西省彬县。作者谭嗣同(1865—1898),字复生,号壮飞,湖南浏阳人,是中国近代改良派政治家、思想家。1898年参加戊戌变法,变法失败后,于1898年9月28日在北京宣武门外的菜市口刑场英勇就义。同时被害的维新人士还有林旭、杨深秀、刘光第、杨锐、康广仁。六人并称"戊戌六君子"。　⑥棠梨:即杜梨,落叶乔木,高约十米,叶子长圆形或菱形,春天开白花,果实自夏至秋陆续成熟。

第六单元

钓 鱼 湾

储光羲①

垂钓绿湾春②,春深杏花乱③。
潭清疑水浅,荷动知鱼散。
日暮待情人④,维舟绿杨岸⑤。

春 夜 喜 雨

杜 甫⑥

好雨知时节,当春乃发生⑦。
随风潜入夜,润物细无声⑧。
野径云俱黑,江船火独明⑨。
晓看红湿处,花重锦官城⑩。

---

①作者储光羲(707—760?),兖州(今山东兖州市)人。开元十四年进士第。其山水田园诗写得质朴自然。　②绿湾春:春天碧绿的水湾。　③春深:指暮春的时候。杏花乱:杏花纷纷飘落。　④情人:泛指知心的朋友。　⑤维舟:拴船。　⑥作者杜甫(712—770),字子美,自号少陵野老、杜少陵、杜工部等。我国唐代最伟大的现实主义诗人,与李白并称"李杜",人称"诗圣"。　⑦好雨:指春雨,及时的雨。乃:就。发生:催发植物生长,萌发生长。　⑧潜:暗暗地,静悄悄地。润物:雨水滋养植物。　⑨野径:田野间小路。俱:全,都。江船:江面上的渔船。独:独自,只有。　⑩晓:早晨。红湿处:指带有雨水的红花的地方。花重(zhòng):花沾上雨水变得沉重。锦官城:故址在今成都市南,亦称锦城。三国蜀汉管理织锦之官驻此,故名。后人又用作成都的别称,也代成都。

春 残

翁 宏①

又是春残也,如何出翠帏?
落花人独立,微雨燕双飞。
寓目魂将断,经年梦亦非。
那堪向愁夕,萧飒暮蝉辉②。

春日登楼怀归③

寇 准

高楼聊引望,杳杳一川平④。
野水无人渡,孤舟尽日横。
荒村生断霭⑤,古寺语流莺。
旧业遥清渭⑥,沉思忽白惊。

---

①作者翁宏,生卒年不详,字大举,桂州(今广西桂林市)人。唐末诗人。 ②萧飒:寂寞凄凉。 ③此诗为作者二十岁左右初官巴东时所作。作者寇准(961—1023),字平仲,华州下邽(今陕西渭南市)人,北宋诗人,有《寇莱公集》。 ④杳杳:深远貌。 ⑤断霭:断断续续的烟雾。 ⑥"旧业"句:老家在遥远的渭水旁。

第六单元

长安春望①

卢 纶

东风吹雨过青山,却望千门草色闲。
家在梦中何日到,春生江上几人还?
川原缭绕浮云外②,宫阙参差落照间③。
谁念为儒逢世难④,独将衰鬓客秦关⑤。

钱塘湖春行

白居易⑥

孤山寺北贾亭西⑦,水面初平云脚低⑧。
几处早莺争暖树,谁家新燕啄春泥⑨。

---

①长安:今陕西西安市。作者卢纶(?—799),字允言,河中蒲州(今山西永济市)人。唐代诗人。 ②川原:指家乡。 ③落照:落日之光。 ④世难(nàn):人生灾难。 ⑤秦关:陕西古为秦地,此处代指长安。 ⑥作者白居易(772—846),字乐天,晚年又号香山居士,河南新郑(今郑州新郑市)人,我国唐代伟大的现实主义诗人,中国文学史上负有盛名且影响深远的诗人和文学家,有"诗魔"和"诗王"之称。有《白氏长庆集》传世。 ⑦孤山寺:南朝陈文帝天初年(560—566)建,名承福,宋时改名广化。孤山:位于西湖的北部,坐落在后湖与外湖之间,孤峰耸立,景色秀丽,为湖山登临胜地。贾亭:即贾公亭。唐贞元(785—804)中,贾全出任杭州刺史,于钱塘潮建亭,人称"贾亭"或"贾公亭"。 ⑧水面初平:春天湖水初涨,水面刚刚平了湖岸。初:刚刚。云脚低:指云层低垂,看上去同湖面连成一片。云脚:古汉语称下垂的物象为"脚",如下落雨丝的下部叫"雨脚"。这里指下垂。 ⑨早莺:初春时早来的黄莺。莺:黄鹂,鸣声婉转动听。争暖树:争着飞到向阳的树枝上去。暖树:指向阳的树木。新燕:刚从南方飞回来的燕子。啄:衔取。燕子衔泥筑巢。

乱花渐欲迷人眼①，浅草才能没马蹄②。
最爱湖东行不足，绿杨阴里白沙堤③。

春　日
汪　藻④

一春略无十日晴，处处浮云将雨行。
野田春水碧于镜，人影渡旁鸥不惊。
桃花嫣然出篱笑，似开未开最有情。
茅茨烟暝衣湿，破梦午鸡啼一声。

临安春雨初霁⑤
陆　游

世味年来薄似纱，谁令骑马客京华⑥？
小楼一夜听春雨，深巷明朝卖杏花⑦。

---

①乱花：各种颜色的野花。渐：渐渐地。欲：将要，就要。迷人眼：使人眼花缭乱。②浅草：刚刚长出地面，还不太高的春草。才能：刚够上。没：遮没，盖没。　③湖东：以孤山为参照物，白沙堤（即白堤）在孤山的东北面。行不足：百游不厌。阴：同"荫"。白沙堤：即今白堤，又称沙堤、断桥堤，在西湖东畔，唐朝以前已有。　④作者汪藻（1079—1154），字彦章，饶州德兴（今属江西）人，崇宁五年进士。著有《浮溪集》。　⑤初霁：雨过初晴。作者陆游（1125—1210），字务观，号放翁，南宋著名爱国诗人。　⑥世味：人世生活的味道。薄似纱：形容人情淡薄。客：做客。京华：京城，这里指南宋首都临安。⑦深巷：狭长的里巷。明朝：明天早晨。

矮纸斜行闲作草，晴窗细乳戏分茶①。
素衣莫起风尘叹，犹及清明可到家②。

游山西村

陆　游

莫笑农家腊酒浑，丰年留客足鸡豚③。
山重水复疑无路，柳暗花明又一村④。
箫鼓追随春社近，衣冠简朴古风存⑤。
从今若许闲乘月，拄杖无时夜叩门⑥。

清　明

高　翥⑦

南北山头多墓田，清明祭扫各纷然。
纸灰飞作白蝴蝶，泪血染成红杜鹃。

---

①矮纸：一张小纸。斜行：歪歪斜斜地写。作草：写草字。晴窗：明亮的窗前。细乳：沏茶时水面浮起的白色泡沫，这里泛指泡茶。分茶：品茶。　②素衣：素淡洁白的衣服。风尘叹：因风尘刮脏洁白的衣服而叹息。犹及：还赶得上。　③腊酒：腊月里酿造的酒。足鸡豚(tún)：意思是准备了丰盛的菜肴。豚，小猪，诗中代指猪肉。足：足够，丰盛。　④山重水复：一座座山、一道道水重重叠叠。柳暗花明：绿柳繁茂阴浓，鲜花鲜艳明丽。　⑤箫鼓：吹箫打鼓。春社：古代把立春后第五个戊日作为春社日，拜祭社公（土地神）和五谷神，祈求丰收。古风存：保留着淳朴古代风俗。　⑥若许：如果这样。闲乘月：有空闲时趁着月光前来。无时：随时。叩(kòu)门：敲门。
⑦作者高翥(zhù)(1170—1241)，字九万，号菊磵，余姚（今属浙江）人。南宋诗人。

日落狐狸眠冢上，夜归儿女笑灯前。
人生有酒须当醉，一滴何曾到九泉①。

晓出黄山寺

高 翥

晓上篮舆出宝坊②，野塘山路尽春光。
试穿松影登平陆，已觉钟声在上方。
草色溪流高下碧，菜花杨柳浅深黄。
杖藜切莫匆匆去③，有伴行春不要忙④。

燕 来

周 京⑤

烟雨疏疏覆绿苔，海棠时节燕重来⑥。
不辞故国三千里，还认雕梁十二回⑦。
荒草谁家深院落，繁花何处好池台⑧。
却邻旧馆曾相识，为把湘帘手自开⑨。

---

①九泉：相传人死后居住的地方，又叫黄泉。　②篮舆：竹轿。宝坊：对寺庙的尊称。　③杖藜：拄藜杖而行。　④行春：边走边欣赏春光。　⑤作者周京（1677—1749），字西穆，一字少穆，号穆门，晚号东双桥居士。清浙江钱塘（今杭州市）人。廪贡生，考授州同知。工书，尤精于诗。著有《无悔斋集》。　⑥烟雨：蒙蒙细雨。疏疏：稀疏的样子。海棠：蔷薇科落叶乔木，春季开花。　⑦辞：推辞，这里的"不辞"是"不辞辛苦"之意。故国：指燕子的故居。雕梁：以彩画装饰的屋梁。十二回：古以一日分为十二时。这里指燕子作巢于梁上，飞出户外觅食，一日之间，往返频繁。　⑧荒草：荒芜处的杂草。繁花：多而盛的花朵。　⑨邻：接近，靠近。旧馆：旧址，故居。湘帘：用湘妃竹做的帘子。

第七单元 神话与传说（上）

阅读提示

《山海经》是一部内容丰富、风貌独特的中国古籍，也是一部具有较高艺术价值的地理著作。它包含了古代神话、地理、物产、巫术、宗教、古史、医药、民俗、民族等多方面的内容。其书还以高超的想象力为人们所称道。

《搜神记》所记多为神灵怪异之事，也有一部分属于民间传说。故事大多篇幅短小，情节简单，设想奇特，极富浪漫主义色彩。它的语言也雅致清峻、曲尽幽情，是"直而能婉"的典范。

《山海经》三则

夸父逐日①

夸父与日逐②走，入日③，渴，欲得饮，饮于河、渭④，河、渭不足，北饮大泽⑤。未至，道渴而死⑥。弃其杖，化为邓林⑦。

---

①夸(kuā)父：人名，也是一个种族的名称。　②逐：追赶。　③入日：追赶到太阳落下的地方。　④河：黄河。渭：渭水，在今陕西省内。　⑤大泽：大湖。　⑥道渴而死：在半路上口渴而死。　⑦邓林：在今大别山附近，河南、湖北、安徽三省交界的地方。"邓林"即"桃林"。

精卫填海①

又北二百里，曰发鸠之山，其上多柘木②。有鸟焉，其状如乌③，文首、白喙、赤足，名曰精卫。其鸣自詨④。是炎帝⑤之少女，名曰女娃。女娃游于东海，溺而不返，故为精卫，常衔西山之木石，以堙⑥于东海。漳水出焉，东流注于河。

形天与帝争神

形天⑦与帝争神，帝断其首，葬之常羊之山。乃以乳为目，以脐为口，操干戚以舞⑧。

《搜神记》三则

天台二女⑨

刘晨、阮肇入天台采药，远不得返⑩。经十三日，饥，遥望山上有桃树，子实熟，遂跻险援葛⑪至其下。啖⑫数枚，饥止体充⑬。

---

①精卫：鸟名。又名誓鸟、帝女雀、冤禽。传说这种鸟因为曾经在东海里淹死，便发誓不饮东海之水。　②柘(zhè)木：柘树，是桑树的一种。　③乌：乌鸦。④詨(xiào)：呼叫。　⑤炎帝：号称神农氏，传说中的上古帝王。　⑥堙(yīn)：填塞。⑦形天：即刑天，是神话传说中一个没有头的神。形，通"刑"，割、杀之意。天是巅顶之意，指人的头。刑天就是砍断头。所以，此神原本无名，在被断首之后才有了刑天神的名称。　⑧操干戚以舞：手操盾牌大斧继续挥舞着，要与黄帝决战到底。　⑨选自干宝《搜神记》。天台，指天台山，在今浙江境内。干宝，东晋史学家、文学家，字令升，新蔡(今属河南)人。　⑩远不得返：走得很远，没法返回。　⑪跻(jī)险援葛：攀着葛藤，登上险阻。跻，升、登。援，攀。　⑫啖(dàn)：吃，通"啗"。　⑬饥止体充：不饿了，体力也充沛。

欲下山，以杯取水，见芜菁①叶流下，甚鲜新②。复有一杯流下，有胡麻③焉。乃相谓曰："此近人家矣④。"遂渡山。

出一大溪，溪边有二女子，色甚美。见二人持杯，便笑曰："刘、阮二郎捉向杯来⑤。"刘、阮惊，二女遂忻然如旧相识⑥，曰："来何晚也？"因邀还家。

南、东二壁各有绛罗帐⑦，帐角悬铃，上有金银交错。各有数侍婢使令⑧。其馔⑨有胡麻饭、山羊脯、牛肉，甚美。食毕，行酒。俄⑩有群女持桃子，笑曰："贺汝婿来！"酒酣作乐。至十日，求还。苦留半年。气候草木是春时，百鸟啼鸣。更怀乡，归思甚苦。

女遂相送，指示还路。既还，乡邑零落，已十世矣。

董 永 妻

董永父亡，无以葬⑪，乃自卖为奴⑫，以供丧事。主知其贤，与钱一万，遣之。永行三年丧⑬毕，欲还诣主人，供其奴职⑭。

道逢一妇人，曰："愿为子妻⑮。"遂与之俱。主人谓永曰："以钱与君矣。"永曰："蒙君之惠，父丧收藏⑯。永虽小人，必欲

---

①芜菁(jīng)：即蔓(mán)菁，植物名，块根可食。　②鲜新：鲜美。　③胡麻：即芝麻。　④此近人家矣：意思是，这附近必有人家。　⑤捉向杯来：把刚才那个杯子拿来了。向杯，指盛胡麻饭的杯子。这表明二女已知刘晨、阮肇来此，借水流给他们送去了胡麻饭。　⑥忻(xīn)然如旧相识：高兴得如同见了过去相识的人一样。忻，通"欣"。　⑦绛罗帐：又叫红罗帐，用红色丝网做的帐子。　⑧使令：使唤。　⑨馔（zhuàn）：饮食。　⑩俄：一会儿。　⑪无以葬：意思是没有钱办葬父所需要的一切物件。　⑫自卖为奴：把自己卖给（有钱人家）当奴仆。　⑬三年丧：过去父母死要守三年丧。　⑭供其奴职：意思是去承担一个奴仆应尽的职责。供，供奉。　⑮愿为子妻：愿意做你的妻子。子，古代对人的尊称。据民间传说，此妇即七仙女，董永的孝行感动了她，她就私自下凡，帮助董永去还债。　⑯收藏：即收葬。

服勤致力①，以报厚德。"主曰："妇人何能？"永曰："能织。"主曰："必尔者②，但令君妇为我织缣百匹③。"于是永妻为主人家织，十日毕……

干将莫邪

楚干将、莫邪④为楚王作剑，三年乃成。王怒，欲⑤杀之。剑有雌雄。其妻重身⑥当产⑦。夫语妻曰："吾为王作剑⑧，三年乃成。王怒，往必杀我。汝若生子是男，大⑨，告之曰：'出户望南山，松生石上，剑在其背⑩。'"于是即将雌剑往见楚王。王大怒，使相⑪之："剑有二，一雄一雌，雌来雄不来。"王怒，即杀之。

莫邪子名赤，比⑫后壮⑬，乃⑭问其母曰："吾父所在⑮？"母曰："汝父为楚王作剑，三年乃成。王怒杀之。去时嘱我：'语汝子，出户望南山，松生石上，剑在其背。'"于是子出户南望，不见有山，但睹堂前松柱下石砥之上⑯。即以斧破其背，得剑，日夜思欲报⑰楚王。

王梦见一儿，眉间广尺⑱，言欲报仇。王即购之千金⑲。儿闻之，亡去⑳，入山行歌㉑。客有逢者，谓："子年少，何哭之甚悲耶？"曰："吾干将、莫邪子也，楚王杀吾父，吾欲报之！"客曰：

---

①服勤致力：服侍效劳。服勤，干勤苦劳累之活计。　②必尔者：一定要这么办（的话）。尔，这样，指服勤致力。　③但令君妇为我织缣（jiān）百匹：只让你妻子为我织一百匹细绢（就行了）。但，只。缣，细绢。　④干将、莫邪：夫妻二人，楚国的冶铸工人。　⑤欲：将。　⑥重身：怀孕。　⑦当产：就要生孩子了。　⑧作剑：铸剑。　⑨大：长大。　⑩背：后面。　⑪相：仔细观察。　⑫比：及，等到。　⑬壮：成年。　⑭乃：于是。　⑮所在：在什么地方。　⑯但睹堂前松柱下石砥之上：只看到堂前有一根松木柱子竖立在石头上面。　⑰报：报复。　⑱眉间广尺：双眉之间有一尺宽的距离。　⑲购之千金：悬赏千金捉拿他。　⑳亡去：逃离。　㉑行歌：这里指哭唱。

"闻王购子头千金，将子头与剑来，为子报之。"儿曰："幸甚①！"即自刎，两手捧头及剑奉②之，立僵③。客曰："不负④子也。"于是尸乃仆⑤。

客持头往见楚王，王大喜。客曰："此乃勇士头也，当于汤镬⑥煮之。"王如⑦其言。煮头三日三夕，不烂，头踔⑧出汤中，踬目⑨大怒。客曰："此儿头不烂，愿王自往临视之，是必烂也。"王即临⑩之。客以剑拟⑪王，王头随坠汤中，客亦自拟己头，头复坠汤中。三首俱烂，不可识辨。乃分其汤肉葬之，故通名"三王墓"，今在汝南北宜春县界。

---

①幸甚：太好了。　②奉：进献。　③立僵：直立不动。　④负：辜负，对不起。　⑤乃：才。仆：倒下。　⑥汤镬（huò）：开水锅。　⑦如：按照，依照。　⑧踔：跳。　⑨踬（zhì）目：瞪眼。　⑩临：靠近。　⑪拟：比划。这里形容剑锋利无比。

第八单元 文苑菁华

阅读提示

　　本单元精选了古文 21 篇，所记人物无不个性鲜明，栩栩如生。有的志存高远，以国事为己任，鞠躬尽瘁，死而后已；有的德行高尚，刚正为人，清名照千秋；有的身怀绝技，造福人类，却知错能改；有的教子育人，循循善诱，光大民族美德。作者多善于将个人感情和深刻说理巧妙地寓于记人叙事与描写之中。对同一事物，因入题角度不同，致使读者产生的感受迥异，阅读中应仔细加以体味。

　　对某些作品流露出的消极避世、明哲保身的思想，亦应认真辨别并剔除之。

晏子辞千金①

《晏子春秋》

　　晏子方食②，景公使使者至③，分食食之④，使者不饱，晏子

---

①选自《晏子春秋·内篇·杂下》。这则故事的题目是编者加的。《晏子春秋》是春秋时期齐国晏婴言行轶事的汇编。辞：辞却，不受。　　②方食：正在吃饭。　　③景公使使者至：齐景公派使臣来到。景公，春秋时齐国国君，名杵臼，前547—前490年在位。使使者：派使臣。　　④分食食(sì)之：把食物分出来，给使者吃。

亦不饱。使者反①，言之公②。公曰："嘻③！晏子之家，若是其贫也④！寡人不知，是寡人之过也⑤。"使吏致⑥千金与市租⑦，请以奉宾客⑧。晏子辞。三致之，终再拜⑨而辞曰："婴之家不贫，以⑩君之赐，泽覆三族⑪，延及交游⑫，以振⑬百姓，君之赐也厚矣，婴之家不贫也。婴闻之⑭，夫厚取之君，而施之民⑮，是臣代君君民也⑯，忠臣不为⑰也；厚取之君，而不施于民，是为筐箧之藏⑱也，仁人不为也；进⑲取于君，退得罪于士⑳，身死而财迁于它人㉑，是为宰藏㉒也，智者不为也。夫十总之布㉓，一豆之食㉔，足于中，免矣㉕。"

景公谓晏子曰："昔吾先君桓公以书社五百封管仲㉖，不辞而受，子辞之何也？"晏子曰："婴闻之，圣人千虑，必有一失，愚人千虑，必有一得㉗。意者管仲之失而婴之得者耶㉘？故再拜而不敢受命㉙。"

---

①反：同"返"。　②言之公：言之于公。把（晏子贫困的情况）告诉齐景公。　③嘻(xī)：叹词，表示惊叹。　④若是其贫也：其贫若是乎！他穷得像这样。　⑤是寡人之过也：这是我的过错。是：这。过：错误。　⑥致：送。　⑦市租：买卖货物的税款（指收税权）。　⑧请以奉宾客：请求让他用（千金与市租）供养宾客。奉：供养。　⑨再拜：拜两次。表示十分恭敬。　⑩以：由于。　⑪泽覆三族：恩泽遍及父族、母族、妻族。　⑫延及交游：延伸到朋友。交游：朋友。　⑬振：同"赈"，救济。　⑭婴闻之：我听说这样（引古语常常这样说）。　⑮夫厚取之君，而施之民：从君主那里拿来厚赏然后散给百姓。夫：助词，有引起下文的作用。　⑯是臣代君君民也：这就是臣子代替君主统治人民。君民：为人民之君，统治人民。　⑰不为：不这样做。　⑱筐箧之藏：用筐箧收藏财物，指敛财。筐和箧都是竹器。　⑲进：向上。指在朝中。下文"退"指在朝外。　⑳得罪于士：意思是，取得君主赏赐不能与士人共享而得罪他们。　㉑财迁于它人：财物转为别人所有。　㉒为(wèi)宰藏：为家臣蓄积财物。　㉓十总之布：一种质地较粗的布。总：丝八十根。　㉔一豆之食：一样食物。豆：古代一种食器。　㉕足于中，免矣：意思是内心满足就可以免于忧患。　㉖昔吾先君桓公以书社五百封管仲：从前我们前代的君主桓公用五百里的土地人口授予管仲。书社：书写社的人名。社：古代二十五家为一里，里各立社。　㉗圣人千虑，必有一失，愚人千虑，必有一得：圣明的人考虑多了，也难免会有失误。愚蠢的人经过多次考虑，也有可取之处。　㉘意者管仲之失而婴之得者耶：想来这是管仲的错，是我的对吧？意，推测。　㉙受命：接受君命。

曹　操①

陈　寿

　　太祖②少机警,有权数③,而任侠④放荡⑤,不治⑥行业⑦,故世人未之奇也;惟梁国⑧桥玄、南阳⑨何颙异焉。谓太祖曰:"天下将乱,非命世之才⑩不能济⑪也,能安之者,其在君乎!"

　　光和⑫末,黄巾⑬起。拜骑都尉⑭,讨颍川⑮贼。迁为济南⑯相⑰,国有十县,长吏⑱多阿附贵戚,赃污狼藉,于是奏免其八九;禁断淫祀⑲,奸宄⑳逃窜,郡界肃然。久之,征还为东郡㉑太守;不就,称疾归乡里。

　　顷之,冀州㉒刺史王芬、南阳许攸、沛国周旌等连结豪杰,谋废灵帝,立合肥侯,以告太祖,太祖拒之。芬等遂败。

---

①节选自《三国志·武帝纪》。本文各节文字不相连接。陈寿(233—297),字承祚,巴西安汉(今四川南充市)人。西晋史学家。著有《三国志》。　②太祖:即曹操。曹操在世时并未做皇帝,他的儿子曹丕代汉称帝,建立魏朝,追尊他为武皇帝,定庙号为太祖。③权数:意思是善于出谋划策,随机应变。　④任侠:打抱不平,仗义行事。　⑤放荡:恣意放任,行为不检。　⑥治:从事,讲求。　⑦行业:操行和学业。　⑧梁国:王国名。故城址在今河南商丘市南。　⑨南阳:郡名。故城址在今河南南阳市。　⑩命世之才:安邦定国的人才。　⑪济:拯救。　⑫光和:汉灵帝刘宏的年号(178—184)。⑬黄巾:即黄巾军。　⑭骑都尉:官名。职责是统率皇帝的卫军。　⑮颍川:郡名。在今河南禹县。　⑯济南:王国名。故城址在今山东历城县东。　⑰相:官名。王国的相,由中央政府直接委派,掌握王国行政大权。　⑱长吏:指各县的令、长。　⑲淫祀:不合礼仪的祭祀。淫,过分。　⑳奸宄(guǐ):违法乱纪的人。　㉑东郡:治濮阳县。故城址在今河南濮阳市。　㉒冀州:东汉末年,治所常设在邺地,故址在今河北临漳县西南。

第八单元

二月①，卓②闻兵③起，乃徙天子都长安④。卓留屯洛阳，遂焚宫室。是时绍⑤屯河内，邈、岱、瑁、遗⑥屯酸枣⑦，术屯南阳，伷屯颍川，馥在邺。卓兵强，绍等莫敢先进。太祖曰："举义兵以诛暴乱，大众已合，诸君何疑？向使董卓闻山东⑧兵起，倚王室之重⑨，据二周之险⑩，东向以临天下；虽以无道⑪行之，犹足为患。今焚烧宫室，劫迁天子，海内震动，不知所归，此天亡之时也。一战而天下定矣，不可失也。"遂引兵西，将据成皋⑫。邈遣将卫兹分兵随太祖。到荥阳汴水，遇卓将徐荣，与战不利，士卒死伤甚多。太祖为流矢所中，所乘马被创⑬，从弟⑭洪以马与太祖，得夜遁去。荣见太祖所将兵少，力战尽日，谓酸枣未易攻也，亦引兵还。

太祖到酸枣，诸军兵十余万，日置酒高会，不图进取。太祖责让⑮之，因为谋曰："诸君听吾计，使渤海⑯引河内之众临孟津⑰，酸枣诸将守成皋，据敖仓⑱，塞轘辕、太谷⑲，全制其险；使袁将军⑳率南阳之军军丹、析㉑，入武关㉒，以震三辅㉓。皆高垒

---

①二月：指初平元年二月。初平为汉献帝年号（191—193）。　②卓：即董卓。　③兵：指兴兵讨伐董卓的义军。　④都长安：在长安建立国都。　⑤绍：即袁绍。　⑥邈、岱、瑁、遗：分别指张邈、刘岱、桥瑁、袁遗，下文的"术"指袁术，"伷(zhòu)"指孔伷，"馥"指韩馥，他们都是义军的将领。　⑦酸枣：县名。故址在今河南延津县西南。　⑧山东：这里大概是指太行山以东。　⑨倚王室之重：意思是凭借汉室的权势威望。因为此时献帝为董卓所挟制，所以这样说。　⑩二周之险：指洛阳。二周，指西周和东周。西周和东周的国都故址都在洛阳附近。　⑪无道：暴虐，不行德政。　⑫成皋：县名。故址在今河南荥阳市。　⑬被创：受伤。　⑭从弟：堂弟。　⑮责让：责备。　⑯渤海：指袁绍。他当时为渤海太守。　⑰孟津：关名。在今河南孟县南。　⑱敖仓：地名。在荥阳西北山上。　⑲轘(huán)辕、太谷：都是关名。在洛阳东南险要之地。　⑳袁将军：指袁术。　㉑丹、析：即丹水县和析县。丹水县故址在今河南淅川县西。析县故址在今河南西峡县。　㉒武关：在今陕西商县东，北接高山，南临深涧，自古以来为兵家必争之地。　㉓三辅：辖区在今陕西渭水流域一带。

深壁①,勿与战,益为疑兵②,示③天下形势,以顺诛逆,可立定也④。今兵以义动,持疑而不进,失天下之望,窃为诸君耻之!"邈等不能用。

初,公为兖州,以东平毕谌为别驾⑤。张邈之叛⑥也,邈劫谌母弟妻子;公谢遣之⑦,曰:"卿老母在彼,可去。"谌顿首无二心⑧,公嘉之,为之流涕。既出,遂亡归⑨。及布破,谌生得,众为谌惧,公曰:"夫人孝于其亲者,岂不亦忠于君乎!吾所求也。"以为鲁⑩相。

十一月⑪,汉皇后伏氏坐昔与父故屯骑校尉完⑫书,云帝以董承⑬被诛怨恨公,辞甚丑恶,发闻⑭,后废黜⑮死,兄弟皆伏法⑯。

评曰:汉末,天下大乱,雄豪并起,而袁绍虎视四州,强盛莫敌。太祖运筹演谋,鞭挞宇内⑰,揽⑱申、商⑲之法术,该⑳韩、白㉑之奇策,官方授材,各因其器㉒,矫情任算,不念旧恶,终能

---

①高垒深壁:意思是军营的围墙筑得高高的。垒、壁,军营的围墙。 ②疑兵:为了迷惑敌人而布置的军队。 ③示:表明。 ④以顺诛逆,可立定也:意思是用顺应天意和民心的军队讨伐违背天意和民心的军队,可以立刻取得胜利。诛,讨伐。 ⑤别驾:从事史的简称,为州牧、刺史的佐吏。 ⑥张邈之叛:指张邈叛归吕布一事。 ⑦谢遣之:意思是让他去吕布那儿。谢,辞。 ⑧无二心:意思是毕谌表示不会离开曹营去吕布那儿。 ⑨亡归:逃到(吕布那儿去)。 ⑩鲁:王国名。治鲁县,在今山东曲阜市。 ⑪十一月:指建安十九年(195)十一月。 ⑫完:即伏完。 ⑬董承:汉献帝的国舅,曾受汉献帝的密诏,谋划诛灭曹操,事情泄露后被杀。 ⑭发闻:发觉。 ⑮废黜:意思是取消皇后称号,贬为庶民。 ⑯伏法:犯法被杀。 ⑰鞭挞宇内:意思是用武力征天下。 ⑱揽:采取,运用。 ⑲申、商:申指申不害,战国时郑国人。商指商鞅,战国时卫国人。他们都主张法治。 ⑳该:兼备。 ㉑韩、白:韩指韩信,白指白起。 ㉒器:才能。

第八单元

总御皇机①,克②成洪业者,惟其明略最优也。抑③可谓非常之人,超世之杰矣。

五柳先生传④

陶渊明

先生不知何许⑤人也,亦不详⑥其姓字,宅边有五柳树,因以为号焉⑦。闲静少言,不慕荣利。好读书,不求甚解⑧;每有会意⑨,便欣然忘食。性嗜酒,家贫不能常得。亲旧⑩知其如此,或⑪置酒而招之;造饮辄尽⑫,期在必醉⑬。既醉而退,曾不吝情去留⑭。环堵萧然⑮,不蔽风日;短褐穿结⑯,箪瓢屡空⑰,晏如⑱也。常著文章自娱,颇示己志。忘怀得失,以此自终⑲。赞⑳曰:

---

①皇机:指朝政大权。 ②克:能够。 ③抑:连词,表示轻微的转折。
④选自《陶渊明集》。陶渊明(约365—427),字元亮,号五柳先生,谥号靖节先生,东晋末期南朝宋初期诗人、文学家、辞赋家、散文家。东晋浔阳柴桑(今江西九江市)人。
⑤何许:何处,哪里。许,处所。 ⑥不详:不知道。 ⑦因以为号焉:就以此为号。以为,以之为。焉,语气助词。 ⑧不求甚解:这里指读书只求领会要旨,不在一字一句的解释上过分深究。 ⑨会意:指对书中的内容有所领会。会,体会、领会。 ⑩亲旧:亲戚朋友。亲,亲戚。旧,这里指旧交、旧友。 ⑪或:有时。
⑫造饮辄(zhé)尽:去喝酒就喝个尽兴。造,往、到。辄,就。 ⑬期在必醉:希望一定喝醉。期,期望。 ⑭曾不吝情去留:意思是五柳先生态度率真,来了就喝酒,喝完就走。曾不,竟不。吝情,舍不得。去留,意思是去、离开。 ⑮环堵萧然:简陋的居室里空空荡荡。环堵,周围都是土墙,形容居室简陋。萧然,空寂。 ⑯短褐(hè)穿结:粗布短衣上打了补丁。短褐,用粗麻布做成的短上衣。穿结,指衣服上有洞和补丁。 ⑰箪(dān)瓢屡空:形容贫困,难以吃饱。箪,古代盛饭用的圆形竹器。瓢,饮水用具。屡空,经常是空的。 ⑱晏如:安然自若的样子。 ⑲自终:过完自己的一生。 ⑳赞:传记结尾的评论性文字。

黔娄①之妻有言："不戚戚于贫贱，不汲汲于富贵②。"其言兹若人之俦乎③？衔觞赋诗④，以乐其志。无怀氏⑤之民欤？葛天氏之民欤？

醉乡记⑥

王 绩

醉之乡，去中国不知其几千里也。其土旷然无涯，无丘陵阪险；其气和平一揆⑦，无晦明寒暑；其俗大同，无邑居聚落；其人甚精，无爱憎喜怒；吸风饮露，不食五谷；其寝于于⑧，其行徐徐，与鸟兽鱼鳖杂处，不知有舟车器械之用。

昔者黄帝氏⑨尝获游其都，归而杳然丧其天下，以为结绳之政⑩已薄矣。降及尧舜，作为千钟百壶⑪之献，因姑射神人⑫以假道，盖至其边鄙，终身太平。禹汤立法，礼繁乐杂，数十代与醉乡隔。其臣羲和⑬弃甲子⑭而逃，冀臻其乡，失路而道夭，故天下

---

①黔(qián)娄：战国时齐国的隐士。　②不戚戚于贫贱，不汲汲于富贵：不为贫贱而忧愁，不热衷于发财做官。戚戚，忧愁的样子。汲汲，心情急切的样子。
③其言兹若人之俦(chóu)乎：这话大概说的是五柳先生一类的人吧？若人，此人，指五柳先生。俦，辈、同类。　④衔觞(shāng)赋诗：一边喝酒一边作诗。觞，酒杯。
⑤无怀氏：跟下文的"葛天氏"都是传说中的上古帝王。据说在那个时代，人民生活安乐，恬淡自足，社会风气淳厚朴实。　⑥作者王绩(约590—644)，字无功，号东皋子，绛州龙门(今山西河津市)人，唐代诗人。　⑦一揆(kuí)：意为无多大变化。
⑧于于：自得其乐。　⑨黄帝氏：传说中原各族的祖先，姓公孙，号轩辕氏、有熊氏，又居姬水，故改姓姬。　⑩结绳之政：上古未产生文字时，用绳打结的方法记事治政。《易•系辞下》："上古结绳而治，后世圣人易之以书契。"　⑪千钟百壶：钟、壶皆指酒器。　⑫姑射神人：姑射是传说中的仙山名。《庄子•逍遥游》："藐姑射之山，有神人居焉。"　⑬羲和：传说中掌管天地四时的官吏。　⑭甲子：岁月的代称，这里指羲和所掌管的职事。

遂不宁。至乎末孙桀纣,怒而升糟丘①,阶级千仞,南向而望,卒不见醉乡。武王得志于世,乃命公旦②立酒人氏③之职,典司五齐④,拓土七千里,仅与醉乡达焉,故四十年刑措不用。下逮幽厉,迄乎秦汉,中国丧乱,遂与醉乡绝。而臣下之爱道者,往往窃至焉。阮嗣宗、陶渊明等十数人并游于醉乡,没身不返,死葬其壤,中国以为酒仙云。

嗟乎,醉乡氏之俗,岂古华胥氏之国⑤乎?何其淳寂也如是!予得游焉,故为之记。

小石潭记⑥

柳宗元

从小丘⑦西行百二十步,隔篁竹⑧,闻水声,如鸣佩环⑨,心乐之。伐竹取道,下见小潭,水尤清冽⑩。全石以为底⑪,近岸,卷石底以出⑫,为坻⑬,为屿⑭,为嵁⑮,为岩。青树翠蔓⑯,蒙络

---

①糟丘:酿酒后剩下的糟堆积成的小丘。《新序·节士》:"桀为酒池,足以运舟,糟丘足以望七里。" ②公旦:周公姬旦,周文王子,辅助武王灭纣建周。 ③酒人氏:掌管造酒的官。 ④五齐:古代按酒的清浊分为五等,称作"五齐"(泛齐、醴齐、盎齐、缇齐、沈齐)。 ⑤华胥氏之国:寓言中的国名。《列子·黄帝》载,"(黄帝)昼寝,而梦游于华胥氏之国。华胥氏之国在弇州之西,台州之北,不知斯齐国(离中国)几千万里。盖非舟车足力之所及,神游而已"。后用为梦境的代称。 ⑥选自《柳河东集》第二十九卷。柳宗元(773—819),字子厚,世称"柳河东","唐宋八大家"之一。著作有《天说》、《天对》、《柳河东集》、《柳宗元集》等。 ⑦小丘:在小石潭东面。 ⑧篁(huáng)竹:竹林。 ⑨如鸣佩环:好像人身上佩带的佩环相碰击发出的声音。佩与环都是玉质装饰物。 ⑩水尤清冽(liè):水格外清凉。尤,格外。冽,凉。 ⑪全石以为底:潭以整块石头为底。 ⑫卷(quán)石底以出:石底向上弯曲,露出水面。卷,弯曲。以,而。 ⑬坻(chí):水中高地。 ⑭屿:小岛。 ⑮嵁(kān):不平的岩石。 ⑯翠蔓:翠绿的藤蔓。

摇缀，参差披拂①。

潭中鱼可百许头②，皆若空游无所依③，日光下澈，影布石上④。怡然⑤不动，俶尔远逝⑥，往来翕忽⑦。似与游者相乐。

潭西南而望，斗折蛇行，明灭可见⑧。其岸势犬牙差互⑨，不可知其源。

坐潭上，四面竹树环合，寂寥无人，凄神寒骨⑩，悄怆幽邃⑪。以其境过清⑫，不可久居，乃记之而去。

同游者：吴武陵⑬，龚古⑭，余弟宗玄⑮。隶而从者⑯，崔氏二小生⑰：曰恕己，曰奉壹。

训俭示康⑱

司马光

吾本寒家⑲，世以清白相承。吾性不喜华靡⑳，自为乳儿，长

---

①蒙络摇缀，参差披拂：意思是（树枝藤蔓）遮掩缠绕，摇动下垂，参差不齐，随风飘拂。　②可百许头：大约有一百来条。可，大约。许，用在数词后表示约数，相当于同样用法的"来"。　③若空游无所依：好像在空中游动，什么依靠也没有。　④日光下澈，影布石上：阳光照到水底，鱼的影子映在水底的石上。　⑤怡(yí)然：呆呆的样子。　⑥俶(chù)尔远逝：忽然向远处游去。　⑦翕(xī)忽：轻快敏捷的样子。　⑧斗折蛇行，明灭可见：看到溪水像北斗星那样曲折，像蛇那样蜿蜒前行，时隐时现。明灭可见：时而看得见，时而看不见。斗、蛇，名词作状语。　⑨犬牙差(cī)互：像狗牙那样参差不齐。　⑩凄神寒骨：感到心情凄凉，寒气透骨。　⑪悄(qiǎo)怆(chuàng)幽邃(suì)：幽静深远，弥漫着忧伤的气息。悄怆，忧伤的样子。　⑫清：凄清。　⑬吴武陵：作者的朋友，也被贬在永州。　⑭龚古：作者的朋友。　⑮宗玄：作者的堂弟。　⑯隶而从者：跟着同去的。　⑰二小生：两个年轻人。　⑱本文是司马光写给儿子司马康，训诫他崇尚节俭的一篇家训。康：司马光的儿子，字公休。司马光(1019—1086)，字君实，陕州夏县(今属山西)涑水乡人。北宋著名的史学家，主持编撰了大型编年体通史《资治通鉴》。有《司马文正公集》、《稽古录》等。　⑲寒家:清寒的家庭。　⑳华靡(mǐ)：豪华奢侈。

第八单元

者加以金银①华美之服,辄羞赧②弃去之。二十忝科名③,闻喜宴④独不戴花。同年⑤曰:"君赐,不可违也。"乃簪一花⑥。平生衣取蔽寒,食取充腹⑦,亦不敢服垢弊以矫俗干名⑧,但顺吾性而已。众人皆以奢靡为荣,吾心独以俭素⑨为美。人皆嗤吾固陋⑩,吾不以为病⑪。应之曰:"孔子⑫称'与其不逊也宁固⑬',又曰'以约失之者鲜矣⑭',又曰'士志于道而耻恶衣恶食者,未足与议也'⑮。古人以俭为美德,今人乃以俭相诟病⑯。嘻!异哉⑰!

近岁风俗尤为侈靡,走卒类士服⑱,农夫蹑丝履⑲。吾记天圣⑳中,先公为群牧判官㉑,客至未尝不置酒㉒,或三行㉓、五行,多不过七行。酒酤于市㉔,果止于㉕梨栗枣柿之类;肴止于脯醢菜

---

①金银:饰有金银(的衣服)。　②辄(zhé):就。羞赧(nǎn):因害羞而脸红。　③忝(tiǎn)科名:惭愧地登了科。司马光在二十岁时考中进士。忝:谦词。　④闻喜宴:唐、宋时代皇帝招待新科进士的宴会。　⑤同年:同榜登科的人,彼此称"同年"。　⑥乃簪(zān)一花:于是勉为插戴一枝花。簪:插戴。古代男子也有戴花的。　⑦充腹:吃饱肚子。　⑧服垢弊以矫俗干名:穿肮脏破烂的衣服,以有意违背世俗常情来求得名誉。服,穿。垢,脏。弊,破。矫俗,违背世俗的常情。干名,求名誉。　⑨俭素:节俭朴素。　⑩嗤吾固陋:讥笑我固执而不通达。嗤,讥笑。固陋,犹言"鄙陋",这里是寒酸、气派小的意思。　⑪病:缺点,缺陷。　⑫孔子:春秋鲁国人,儒家学说的创立者。　⑬与其不逊也宁固:语出《论语·述而》。子曰:"奢则不逊,俭则固;与其不逊也宁固。"意思是说,奢侈就显得骄傲,节俭就显得固陋。与其骄傲,毋宁固陋。　⑭以约失之者鲜矣:语出《论语·里仁》。意思是说,因为俭约而犯过失的,那是很少的。约,俭约。鲜,少。　⑮士志于道而耻恶衣恶食者,未足与议也:语出《论语·里仁》。意思是说,读书人有志于真理,却以吃得不好穿得不好(生活不如人)为羞耻,这种人是不值得跟他谈论的。　⑯相诟病:相讥议,认为是缺点。　⑰嘻,异哉:嘻,真奇怪呀!嘻,叹词。异,怪,奇怪。　⑱走卒类士服:当差的穿的衣服和士大夫差不多。类,相似。　⑲蹑(niè)丝履:穿丝质的鞋子。蹑,踩,这里作"足穿"解释。丝履:绸缎做的鞋子。　⑳天圣:宋仁宗(赵祯)的年号(1023—1032)。　㉑先公:司马光称他死去的父亲司马池。群牧:即群牧司,宋朝主管国家公用马匹的机构。判官是群牧使(群牧司的最高长官)属下的官员。　㉒置酒:摆设酒席。　㉓行:行酒。主人斟酒给客人一次为一行。　㉔酒酤于市:酒是在市上买的。酤,同"沽",买。　㉕止于:仅限于。

羹①,器用瓷漆,当时士大夫家皆然,人不相非②也。会数而礼勤③,物薄而情厚。近日士大夫家,酒非内法④,果肴非远方珍异⑤,食非多品,器皿⑥非满案,不敢会宾友,常量月营聚,然后敢发书⑦,苟或不然,人争非之,以为鄙吝⑧,故不随俗靡⑨者盖鲜矣。嗟乎⑩!风俗颓敝⑪如是,居位者⑫虽不能禁,忍助之乎⑬?

又闻昔李文靖公⑭为相,治居第于封丘门内⑮。厅事前仅容旋马⑯,或言其太隘⑰,公笑曰:"居第当传子孙,此为宰相厅事诚隘,为太祝、奉礼厅事已宽矣⑱。"参政鲁公为谏官⑲,真宗遣使⑳急召之,得于酒家,既入,问其所来,以实对。上㉑曰:"卿为清望官㉒,奈何饮于酒肆㉓?"对曰:"臣家贫,客至,无器皿肴果,故就酒家觞之㉔。"上以无隐㉕,益重之。张文节㉖为相,自奉养如

---

①肴:下酒的菜。脯:干肉。醢(hǎi):肉酱。羹:汤。　②非:讥评,认为不对;责难。　③会数(shuò):聚会的次数多。礼勤:礼节周到。　④内法:宫内酿酒的秘法。内,指宫内。　⑤珍异:珍贵奇异之品,即所谓"山珍海味"。　⑥器皿:盘、盂一类盛饮食的器具。　⑦常量月营聚,然后敢发书:往往先用几个月的时间准备珍贵的食品,然后才敢发请柬。营聚,准备,张罗。发书,发出请柬。　⑧人争非之,以为鄙吝:人们都认为他不对,说他鄙吝。鄙,没见过世面。吝,舍不得花钱。　⑨随俗靡:跟着习俗顺风倒。靡,倾倒;倒下。　⑩嗟(jiē)乎:感叹词。　⑪颓弊:败坏。　⑫居位者:指职位高有权势的人。　⑬忍助之乎:怎能忍心助长这种不良风气呢?　⑭李文靖公:即李沆(hàng),字太初,洺州肥乡(今河北肥乡县)人。宋真宗时官至宰相,死后谥号义靖。　⑮治居第于封丘门内:在封丘门内建造住宅。治,建筑。居第,住宅。封丘门,北宋汴京(今河南开封市)的城门。　⑯厅事前仅容旋马:厅事,处理公事或接待宾客的厅堂。仅容旋马,仅仅能够让一匹马转个身。　⑰隘:狭窄。　⑱太祝、奉礼:即太祝和奉礼郎,这是太常寺的两个官,主管祭祀,往往任用功臣的子孙担任。　⑲参政鲁公为谏官:鲁宗道,字贯之,亳州谯(今安徽亳州市)人。宋仁宗时拜参知政事(副宰相)。为谏官,做谏官的时候。下面所讲的得于酒家这件事,是在他做谕德(负责教育太子的官)时,而司马光误记为他做右正言(谏官)时了。　⑳遣使:派遣使者。　㉑上:皇上,指宋真宗。　㉒卿:古代君主对臣下的称呼。清望官:清高有名望的官。　㉓酒肆:酒店。　㉔故就酒家觞(shāng)之:所以就着酒馆招待他。觞,酒杯,这里作动词用,是请人喝酒的意思。　㉕无隐:没有隐瞒实情。　㉖张文节:即张知白,字用晦,沧州清池(在今河北省沧州市东南)人。宋真宗时为河阳(今河南洛阳市)节度判官。宋仁宗初年为宰相。死后谥号文节。

为河阳掌书记时①。所亲或规之②,曰:"公今受俸不少,而自奉若此,公虽自信清约③,外人颇有公孙布被之讥④,公宜少从众⑤。"公叹曰:"吾今日之俸,虽举家锦衣玉食⑥,何患不能!顾⑦人之常情,由俭入奢易,由奢入俭难。吾今日之俸,岂能常存?一旦异于今日⑧,家人习奢已久,不能顿⑨俭,必致失所⑩。岂若吾居位去位、身存身亡常如一日乎⑪?"呜呼!大贤⑫之深谋远虑,岂庸人⑬所及哉!

御孙曰⑭:"俭,德之共也;侈,恶之大也。"共,同也,言有德者皆由俭来也。夫俭则寡欲,君子寡欲,则不役于物⑮,可以直道而行⑯;小人寡欲,则能谨身节用⑰,远罪丰家⑱。故曰:"俭,德之共也。"侈则多欲,君子多欲则贪慕富贵,枉道速祸⑲;小人多欲则多求妄用⑳,败家丧身,是以居官必贿,居乡必盗㉑。故曰:"侈,恶之大也。"

---

①自奉养如为河阳掌书记时:自己的生活享受跟在河阳做节度判官时一样。掌书记,唐朝官名,相当宋朝的判官,都是主管批公文的官。　②所亲:亲近的人。规之:劝他。　③清约:清廉节俭。　④外人颇有公孙布被之讥:外面却有些人讥评你,说你如同公孙弘盖布被那样矫情作伪。公孙弘,汉武帝时为丞相,封平津侯。《汉书·公孙弘传》:汲黯曰:"弘位在三公,奉(同俸)禄甚多,然为布被,此诈也。"　⑤少从众:稍微附和一下众人行事。　⑥举家:全家。玉食:(吃)精美的饮食。　⑦顾:但是。　⑧一旦异于今日:(如果)有一天(我被罢官或者病死了),情况和现在不一样。　⑨顿:立刻。　⑩必致失所:一定会(因为挥霍净尽而至于)饥寒无依。　⑪岂若吾居位去位、身存身亡常如一日乎:哪里比得上不论我做不做官、在不在世,家中生活情况都照常一样好呢?　⑫大贤:指上文所述李、鲁、张三人。　⑬庸人:平常的人。　⑭御孙曰:以下引自《左传》庄公二十四年。御孙,春秋时期鲁国的大夫。　⑮不役于物:不为外物所役使,不受外物的牵制。　⑯直道而行:行正直之道。语出《论语·卫灵公》。意思是说,一个人既然无所贪慕,那么任何事情都敢于诚实不欺地去作。　⑰谨身节用:约束自己,节约用途。语出《孝经·庶人章》:谨身节用,以养父母。　⑱远罪丰家:避免犯罪,丰裕家室。　⑲枉道速祸:不循正道而行,招致祸患。　⑳多求妄用:多方搜求,任意挥霍。　㉑是以居官必贿,居乡必盗:所以做官必然贪赃受贿,在乡间必然盗窃他人财物。

昔正考父馆①粥以糊口，孟僖子知其后必有达人②；季文子相③三君，妾不衣④帛，马不食粟，君子以为忠；管仲⑤镂簋朱纮⑥，山棁藻棁⑦，孔子鄙其小器⑧；公叔文子享卫灵公⑨，史鱼知其及祸⑩，及戌⑪，果以富得罪出亡；何曾⑫日食万钱，至孙以骄溢倾家⑬；石崇以奢靡夸人⑭，卒以此死东市⑮；近世寇莱公豪侈冠一时⑯，然以功业大，人莫之非⑰，子孙习其家风，今多穷困。其余以俭立名、以侈自败者多矣！不可遍数⑱，聊⑲举数人以训汝，汝非徒⑳身当服行㉑，当以训汝子孙，使知前辈之风俗㉒云。

---

①正考父：春秋时宋国上卿，历佐戴、武、宣三公，官位越高，行为越谨慎。他是孔子的祖先。馆(zhān)：厚粥。　　②孟僖子：春秋时鲁国大夫，名貜(jué)，谥僖。其后：指正考父的后代。达人：通达的人。　　③季文子：季孙行父，春秋时鲁国大夫，历辅宣、成、襄三公，谥文。相(xiàng)：辅佐。　　④衣(yì)：穿。　　⑤管仲：名夷吾，春秋初期杰出的政治家，帮助齐桓公成为春秋时第一个霸主。　　⑥镂(lòu)簋(guǐ)：刻有花纹的簋。文中指使用刻有花纹的簋。下文"朱纮"、"山棁(jié)藻棁"用法同。镂，刻。簋，盛食物的器具。朱纮(hóng)：红色的帽带。纮，古代帽子的系带。　　⑦山棁藻棁(zhuó)：棁，柱子上的斗栱(gǒng)，是顶住横梁的方木。山棁，在斗栱上刻山形。棁是梁上的短柱。藻棁，在短柱上画水草的图形。这是说，管仲的这些举动都是僭越当时的礼制，所以为孔子所鄙薄。事见《礼记·杂记下》。又《论语·公冶长》也有"山节藻棁"云云，则为鲁大夫臧文仲事。　　⑧小器：器量狭小。《论语·八佾》："子曰：管仲之器小哉。"　　⑨公叔文子：春秋时卫国大夫。享：宴请。卫灵公：卫国国君，名元，前534—前493年在位。　　⑩史鱼(qiū)：字子鱼，亦称史鱼，春秋时卫国大夫，以忠直著称。及祸：要受灾难了。　　⑪戌：公叔文子的儿子。文子死后，戌为卫灵公及其夫人南子所恶，被迫于鲁定公十四年（前497）出亡到鲁国。　　⑫何曾：字颖孝，西晋人，历任丞相、太尉、太傅等职，生活奢侈，每天的伙食要花费万钱，还说无下箸处。　　⑬何曾孙名绥，因奢侈骄矜，为东海王司马越所杀。　　⑭石崇：字季伦，西晋人，历任荆州刺史、卫尉等职，抢劫搜刮了大量财富。后为赵王司马伦所杀。以奢靡夸人：指石崇与同时大官僚王恺斗富的故事。　　⑮卒：终于。东市：原是汉朝长安处决犯人的地方，因在长安东故称东市。后世用作刑场的代称。　　⑯寇莱公：寇准，字仲平，北宋初期的名相，主张积极抵抗契丹的侵略。封莱国公。冠(guàn)一时：当时算为第一。　　⑰人莫之非：没有人非难他。　　⑱遍数：全部举出来。　　⑲聊：姑且，约略。　　⑳非徒：不仅。　　㉑服行：遵行。　　㉒风俗：风尚，风气。

第八单元

武夷精舍记①

韩元吉

武夷山在闽粤②直北,其山势雄深盘礴③,自汉以来,见于祀事④。闽之诸山,皆后出也⑤。其峰之最大者,丰上而敛下⑥,岿然若巨人之戴弁⑦,缘隙磴道⑧,可望而不可登;世传避秦而仙者蜕骨⑨在焉。溪出其下,绝壁高峻,皆数十丈,崖侧巨石林立,磊落奇秀,好事者⑩一日不能尽,则卧小舟航溪而上,号为"九曲",以左右顾视。至其地或平衍⑪,景物环会,必为之停舟曳杖⑫,徙倚⑬而不忍去。

山故多王孙⑭,鸟则白鹇⑮、鹧鸪,闻人声或磔磔⑯集崖上,散漫飞走,而无惊惧之态。水流有声,其深处可泳,草木四时敷华⑰。道士即溪之穷⑱,仅为一庐⑲,以待游者之食息,往往酌酒未半,已迫曛暮⑳,而不可留矣。

---

①武夷:山名,在福建省崇安县(1989年崇安县改为武夷山市辖区治所)西北,是仙霞山脉的起点。精舍:讲学的场所。韩元吉(1118—1187),南宋词人。字无咎,号南涧。开封雍邱(今河南开封市)人,一作许昌(今属河南)人。著有《涧泉集》、《涧泉日记》、《南涧甲乙稿》、《南涧诗余》。存词八十余首。　②闽粤:指现在的福建省。　③盘礴(bó):形容山势的曲折宏伟。　④武夷山下有冲佑万年宫,是汉朝设坛祭祀的地方。　⑤这句话是说,福建的其他诸山,都是后来才见于记载的。　⑥丰上而敛下:上大下小。　⑦岿(kuī)然:高高独立的样子。弁(biàn):古代的一种帽子。　⑧缘隙磴道:沿着隙缝的石级。　⑨蜕骨:尸骨。旧时迷信,以为人成仙后,其尸体便是遗蜕。蜕即是死的讳称。　⑩好事者:喜欢多事的人,这里指游兴特别浓的人。　⑪平衍:平坦。　⑫曳杖:拄着拐杖。　⑬徙倚:徘徊。　⑭王孙:猴子。　⑮白鹇(xián):鸟名,冠黑色,身体上部白色,长尾,行动很迟缓闲适,也叫"银鸡"。　⑯磔(zhé)磔:鸟鸣声。　⑰敷华:开花。敷,布陈。　⑱溪之穷:溪的尽头。　⑲仅为一庐:正好造一座房子。　⑳迫:近。曛(xūn)暮:黄昏。

山距驿道①才一二里许，逆旅②遥望，不惮③仆夫马足之劳，幸而至老氏之宫④宿焉，明日始能裹饭⑤命舟。而溪之长，复倍于驿道之远，促促而来，遽遽⑥而归，前后踵相属⑦也。余旧家闽中⑧，为宦于建安⑨，盖亦遽归之一耳。

吾友朱元晦⑩居于五天山，在武夷一舍而近⑪，若其外圃⑫，暇则游焉。与其门生弟子挟书而诵，取古诗三百篇及楚人之词⑬，哦而歌之，得酒啸咏，留必数日，盖山中之乐，悉为元晦之私也。余每愧焉。淳熙之十年⑭，元晦既辞使节于江东⑮，遂赋祠官之禄⑯。则又曰："吾今营其地，果尽有山中之乐矣。"盖其游益数⑰，而于其溪五折⑱，负⑲大石屏，规⑳之以为精舍，取道士之庐犹半也㉑。诛锄草茅，仅㉒得数亩，面势清幽，奇木佳石，扶挕映带㉓，若阴相而遗㉔我者。使弟子具畚锸㉕，集瓦竹，相率㉖成之。元晦躬画㉗其处，中以为堂，旁以为斋，高以为亭，密㉘以为室，讲书肄业㉙，琴歌酒赋，莫不在是㉚。余闻之，恍然如寐㉛而醒，

---

①驿道：古代的交通要道。 ②逆旅：客舍。 ③惮：怕。 ④老氏之宫：道院。老氏，指老子，相传为道家的祖师。 ⑤裹饭：包饭。 ⑥遽(jù)遽：急忙地。 ⑦前后踵相属：意指一个接着一个。踵：脚后跟。 ⑧闽中：泛指现在福建省境内。 ⑨为宦：做官。建安：现在福建省建瓯县。 ⑩元晦：南宋著名理学家朱熹的字。 ⑪在武夷一舍而近：五天山和武夷山相距一舍不到。一舍，三十里。 ⑫若其外圃：好像是它（武夷山）外面的园地。 ⑬古诗三百篇：指《诗经》。楚人之词：指《楚辞》。 ⑭淳熙之十年：1183年。淳熙，宋孝宗赵昚(shèn)的年号(1174—1189)。 ⑮辞使节于江东：当时朱熹辞去江东路提点刑狱（管理司法）的官职。 ⑯赋祠官之禄：宋朝优待官吏，规定在官吏脱离实际职务后，可以挂名"提举（管理）某祠"，领取俸禄。朱熹当时提举台州崇道观。 ⑰益数(shuò)：次数更加多了。 ⑱五折：第五个曲折处。 ⑲负：背靠着。 ⑳规：规划。 ㉑取道士之庐犹半也：采取道院一半大小的样子。 ㉒仅：将近。表示数目之多，与作"只"讲时不同。 ㉓扶挕(chì)映带：(树和石)拱立在屋子周围，互相照映着。 ㉔阴相：暗中照顾。遗(wèi)：送给。 ㉕畚(běn)锸(chā)：畚箕、铁锹。 ㉖相率：相随着。 ㉗躬画：亲自规划。 ㉘密：隐蔽之处。 ㉙肄业：学习课业。 ㉚是：这里。 ㉛寐：睡着。

醒而后，隐隐犹记其地之美也。且曰："其为我记之！"

夫①元晦，儒者也，方②以学行其乡，善③其徒，非若畸人④隐士，遁藏山谷，服气茹芝⑤，以慕夫道家者流也。然秦、汉以来，道⑥之不明也久矣。吾夫子⑦所谓"志于道"，亦何事哉？夫子，圣人也，其步与趋莫不有则⑧；至于登泰山之巅⑨，而诵言于舞雩⑩之下，未尝不游，胸中盖自有地。而一时弟子鼓瑟铿然，"春服既成"之咏，乃独为圣人所予⑪。古之君子息焉者，岂以是拘拘乎⑫？元晦有以识⑬之，试以告夫来者⑭，相与酬酢⑮于精舍之下，俾或自得其幔亭之风⑯，抑⑰又何如也？是岁⑱八月，颍川⑲韩元吉记。

---

①夫(fú)：语助词。　②方：正在。　③善：教育。　④畸(jī)人：奇人，与众不同的人。　⑤服气：练气。茹：吃。芝：灵芝草。　⑥道：指儒家的学说。　⑦吾夫子：指孔丘。　⑧趋：快步。则：一定的法则。　⑨泰山：在山东省境内。巅：山顶。　⑩诵言：吟诗歌唱。舞雩(yú)：祭天求雨的地方。　⑪予：赞许。这句是引用《论语·先进》上的记载：孔丘问学生们的志向。曾晳正在奏瑟，铿的一声停下来答道："我愿在晚春时节，穿上春装（春服既成），和朋友们到山泉里去洗洗澡，到祭祀上去吹吹风，唱着歌儿回来！"孔丘听了十分赞赏。　⑫这句是说，古代君子对于休息，哪里是拘拘束束的呢？　⑬识(zhì)：记住。　⑭来者：来向他学习的人。　⑮酬酢(zuò)：交际往来。　⑯俾(bǐ)：使。幔(màn)亭之风：相传秦始皇时有个仙人武夷君，中秋节那天，在武夷山设置了一座幔亭，宴请山下的乡人。幔亭，张起布幔做亭子。　⑰抑：那。　⑱是岁：指宋孝宗淳熙十年（1183）。　⑲颍川：郡名，郡治在韩元吉的原籍许昌（今河南许昌市）。

送东阳马生序①

宋　濂

余幼时即嗜②学。家贫,无从③致书④以观,每假借⑤于藏书之家,手自笔录,计日以还。天大寒,砚冰坚,手指不可屈伸,弗之怠⑥。录毕,走⑦送之,不敢稍逾约⑧。以是⑨人多以书假余,余因得遍观群书。既加冠⑩,益慕圣贤之道。又患⑪无硕师⑫名人与游,尝趋⑬百里外,从乡之先达⑭执经叩问⑮。先达德隆望尊⑯,门人弟子填其室⑰,未尝稍降辞色⑱。余立侍左右,援疑质理⑲,俯身倾耳以请⑳;或遇其叱咄㉑,色愈恭,礼愈至㉒,不敢出一言以复㉓;俟㉔其欣悦,则又请焉。故余虽愚,卒获有所闻。

---

①选自《宋学士文集》。东阳:地名,今浙江东阳市。生:长辈对晚辈的称呼。序:文体名,这是一篇赠序。作者宋濂(1310—1381),字景濂,号潜溪,别号玄真子。浦江(今浙江义乌市)人,元末明初文学家,曾被明太祖朱元璋誉为"开国文臣之首"。著作有《宋学士全集》七十五卷。　②嗜:特别爱好。　③无从:没有办法。　④致书:得到书。致,得到。　⑤假借:同义复词,借。假,也是借的意思。　⑥弗之怠:即"弗怠之",不懈怠,不放松抄书。弗,不。"之"是"怠"的宾语,指"笔录"这件事。否定句,代词宾语前置。　⑦走:跑。　⑧逾约:超过约定的期限。　⑨以是:因此。　⑩既加冠(guān):加冠之后,指已成年。古时男子二十岁举行加冠(束发戴帽)仪式,表示已经成人。后人常用"冠"或"加冠"表示年已二十。这里即指二十岁。既,已经。　⑪患:担心,忧虑。　⑫硕师:学问渊博的老师。硕:大。　⑬尝:曾经。趋:奔向。　⑭先达:有道德,有学问的前辈。　⑮叩问:求教。叩:请教。同义副词。　⑯德隆望尊:道德声望高。又作德高望重。望:声望,名望。　⑰门人弟子填其室:学生挤满了他的屋子。门人、弟子:学生。填:塞。这里是拥挤的意思。　⑱稍降辞色:把言辞放委婉些,把脸色放温和些。辞色:言语和脸色。　⑲援疑质理:提出疑难,询问道理。援:引,提出。质:询问。　⑳俯身倾耳以请:弯下身子,侧着耳朵请教(表现尊敬而专心)。　㉑叱(chì)咄(duō):训斥,呵责。　㉒至:周到。　㉓复:这里指辩解。　㉔俟(sì):等待。

第八单元

当余之从师也，负箧曳屣①行深山巨谷中。穷冬②烈风，大雪深数尺，足肤皲裂③而不知。至舍④，四支⑤僵劲不能动，媵人⑥持汤⑦沃灌⑧，以⑨衾⑩拥⑪覆，久而乃⑫和。寓逆旅⑬，主人日再食，无鲜肥滋味之享。同舍生皆被⑭绮绣，戴朱缨⑮宝饰之帽，腰⑯白玉之环，左佩刀，右备容臭⑰，烨然⑱若神人；余则缊袍敝衣⑲处其间，略无慕艳意⑳，以中有足乐者，不知口体之奉不若人也㉑。盖㉒余之勤且艰若此。

工之侨为琴㉓

刘 基

工之侨得良桐焉㉔，斫而为琴㉕，弦而鼓之㉖，金声而玉应㉗，自以为天下之美也㉘。献之太常㉙。使国工视之㉚，曰："弗古！"

---

①负箧(qiè)曳(yè)屣(xǐ)：背着书箱，拖着鞋子（表示鞋破）。　②穷冬：隆冬。　③皲(jūn)裂：皮肤因寒冷干燥而开裂。　④舍：此指学舍，书馆。　⑤支：通"肢"，四肢的意思。　⑥媵(yìng)人：这里指服侍的人　⑦汤：热水。　⑧沃灌：浇洗。"灌"通"盥"。　⑨以：用。　⑩衾(qīn)：被子。　⑪拥：围着。　⑫乃：才。　⑬寓逆旅：住在旅店里。逆旅，旅店。　⑭被(pī)：通"披"，这里是穿的意思。　⑮缨(yīng)：帽带。　⑯腰：腰佩。腰，名词作动词。　⑰容臭(xiù)：香袋。臭，气味，此指香气。　⑱烨(yè)然：光彩照人的样子。　⑲缊(yùn)袍敝(bì)衣：破旧的衣服。缊，旧絮。敝，破。　⑳慕艳：羡慕。　㉑以中有足乐者，不知口体之奉不若人也：因为心中有足以快乐的事情（指读书），不觉得吃的、穿的不如别人。中，内心。口体之奉，指吃的穿的。　㉒盖：大概。　㉓作者刘基（1311—1375），字伯温，浙江青田人。明初大臣，著有《诚意伯集》。　㉔工之侨：虚构的人名。良桐：好的桐树。桐指泡桐，木材可制琴。　㉕斫(zhuó)：砍削。　㉖弦：装上弦。鼓：弹。　㉗金声而玉应：形容琴声的悦耳动听。金指金属制成的乐器，如钟等；玉指玉制成的乐器，如磬(qìng)等；应是随声相和的意思。古代奏乐时，往往以钟发声，以磬收韵。　㉘这句是说：自以为这琴是天下最好的琴了。　㉙太常：太常寺，官署名，掌管祭礼、礼乐等事。　㉚国工：国内优秀的乐师。

还之。

工之侨以归，谋诸漆工①，作断纹焉②；又谋诸篆工③，作古 款焉④；匣而埋诸⑤。期年出之⑥，抱以适市⑦。贵人过而见之，易 之以百金⑧，献诸朝⑨。乐官传视⑩，皆曰："希世之珍也⑪！"

工之侨闻之，叹曰："悲哉，世也！岂独一琴哉？莫不然矣⑫！而 不早图之⑬，其与亡矣⑭。"遂去⑮，入于宕冥之山⑯，不知其所终⑰。

跋赵文敏公书巫山词⑱

杨　慎

巫山十二峰在楚蜀之交⑲，余尝过之，行舟迅速，不及登览。 近巫山王尹于峰端摹得赵松雪石刻小词十二首，以乐府《巫山一 段云》按之，可歌⑳。

古传记称：帝之季女曰瑶姬，精魂化草，实为灵芝㉑。宋玉本

---

①谋：商议。诸："之于"二字的合音。　②断纹：裂纹。　③篆（zhuàn）工：刻字工人。　④古款（kuǎn）：古代钟鼎上所刻的文字。款，通"款"。　⑤匣：装在匣子里。　⑥期（jī）年：一周年。　⑦适：往，到。市：做买卖的地方。　⑧易：交换。　⑨朝：朝廷。　⑩传视：传递着观看。　⑪希世：世上稀有。希同"稀"。　⑫莫不然：无不如此。　⑬图：计划，打算。　⑭这句是说：就要同它一起死亡了。　⑮去：离开。　⑯宕冥（dàng míng）之山：虚构的山名。宕冥指高深的境界。　⑰这句是说：不知他后来的结局怎样。　⑱作者杨慎（1488—1559），字用修，号升庵，四川新都人。明代文学家，著有《升庵集》、《陶情乐府》等。　⑲巫山十二峰：在巫峡江中北岸。巫峡长八十里，至湖北巴东县官渡口出峡，正当楚（湖北）蜀（四川）的交接处。　⑳以乐府《巫山一段云》按之，可歌：赵词《巫山一段云》十二阕，调属唐宋燕乐乐曲，所以按谱可歌。乐府，指词的音乐。　㉑"古传记称"以下三句，录自《水经注·江水》，但有删节。原注没有标明引自何书，文与《文选·高唐赋》注引习凿齿《襄阳耆旧传》略同。

第八单元

此以托讽①。后世词人,转加缘饰,重葩累藻,不越此意②。余独爱袁崧之语③,谓:"秀峰叠崿,奇构异形,林木萧森,离离蔚蔚,乃在霞气之表④。仰瞩俯睇,不觉忘返。自所履历,未始有也。山水有灵,亦当惊知己于古矣。"寻此语意,使人神游八极⑤,而爽然自失于晔花温莹之外⑥。

欲以袁意和赵词,以洗兹丘之黩⑦,未暇也。乃临松雪墨妙一纸,邀曹太狂作图⑧,藏之行笥,为他日游仙兴端云⑨。

水 尽 头⑩

刘 侗

观音石阁而西,皆溪,溪皆泉之委⑪;皆石,石皆壁之余⑫。

---

①宋玉假托巫山瑶姬的传说,写了《高唐赋》和《神女赋》,用以讽喻楚襄王,见《文选》卷十九。后世在巫峡中修建了神女庙,又在巫山县北修有阳台。 ②这里的意思是说,后世写巫山诗的,因神女故事,辗转夸饰,堆砌华丽的辞藻,却没有超出宋玉原赋的大意。 ③袁崧(sōng):字山松,东晋人。博学能文,作宜都太守时,写有《宜都山川记》,传见《晋书·袁瓌传》。下面一段文字即《宜都山川记》的佚文,见《水经注·江水》,本文转引亦有删节。 ④叠崿(è):重叠的山峰。离离蔚蔚:形容树木疏疏密密,很茂盛的样子。霞气之表:高出烟霞云气之外。以上五句,是袁崧游览峡中时所写西陵峡的风景。 ⑤神游八极:意思是说,想象中如游览了八方极远之处。 ⑥晔(yè)花温莹:花明玉润,形容瑶姬的美貌,语出《神女赋》。这两句是说,袁崧所记的山水妙境,能引人入胜,转而觉得那些专写神女美态的诗词,读了使人爽然若有所失。外,指摹写神女不能达到的境界。 ⑦黩(dú):玷污,亵渎。意思是指那些平庸的诗词,使巫山受到了污辱。 ⑧曹太狂:名学,字行之,号太狂,眉山人。嘉靖时流寓云南大理。能诗善草书,擅长园艺,尤精于画。见杨慎《访太狂学堂诗跋》石刻及康熙《大理府志》卷二十四。 ⑨《文选》载有郭璞等人《游仙诗》,抒写脱离世俗的超迈情致。杨慎久经贬谪羁绊的生活,所以寄情于游仙,实是一种苦中作乐的自我消遣。兴端:发端,指引起游仙之意。 ⑩水尽头:溪水名,又叫樱桃沟,在北京西郊寿安山西边。作者刘侗,生卒不详,字同人,麻城(今属湖北)人,明代文学家。 ⑪委:水的下流。委和源是相对而说的。这句的意思是说:溪水都是从泉水那里流出来的。 ⑫壁:像墙一样直立的山石。余:残余。

其南岸,皆竹,竹皆溪周而石倚之①。燕故难竹②,至此,林林亩亩③。竹,丈始枝④;笋,丈犹箨⑤;竹粉生于节,笋梢出于林,根鞭出于篱⑥,孙大于母⑦。

过隆教寺而又西,闻泉声。泉流长而声短焉,下流平也。花者,渠泉而役乎花⑧;竹者,渠泉而役乎竹:不暇声也⑨。花竹未役,泉犹石泉矣⑩。石罅乱流⑪,众声澌澌⑫,人踏石过,水珠溅衣⑬。小鱼折折石缝间⑭,闻跫音则伏⑮,于苴于沙⑯。

杂花水藻⑰,山僧园叟不能名之⑱。草至不可族⑲,客乃斗以花⑳,采采百步耳㉑,互出,半不同者。然春之花尚不敌其秋之柿叶㉒,叶紫紫,实丹丹㉓。风日流美㉔,晓树满星㉕,夕野皆火㉖,香山曰杏㉗,仰山曰梨㉘,寿安山曰柿也㉙。

西上圆通寺,望太和庵前,山中人指水尽头儿,泉所源也㉚。至则磊磊中两石角如坎㉛,泉盖从中出㉜。鸟树声壮㉝,泉喳喳不

---

①周:环绕。倚:靠近。这句说:竹子都生长在溪水的周围和石壁的旁边。 ②燕(yān):这里指北京。难:这里是罕见的意思。 ③林林亩亩:形容竹子的众多、茂盛。 ④丈:长到一丈高。枝:长出竹枝。 ⑤箨(tuò):笋壳。这里作动词用。 ⑥鞭:竹鞭。竹根旁出别生,横行如鞭,叫竹鞭。 ⑦孙:孙竹。竹鞭的末梢所生的小竹,叫孙竹。 ⑧渠:人工开凿的水沟。这里作动词用。役乎:受役使于。这句的意思是说:用水沟引泉水来为花服役。 ⑨不暇:来不及,忙不过来。 ⑩犹:如同。石泉:泉水多自山石中流出,所以叫石泉。 ⑪罅(xià):裂缝。 ⑫澌(sī)澌:形容水声。 ⑬溅(jiān):浸湿。 ⑭折(zhé)折:安静而从容地。 ⑮跫(qióng):脚踏地的声音。 ⑯苴(jū):水中的浮草。 ⑰藻:泛指生长在水中的绿色植物。 ⑱名:指称。 ⑲不可族:分不出类别。 ⑳斗以花:用花比赛作戏。 ㉑采采:盛多。步:古时长度单位,一步等于六尺。 ㉒不敌:比不上。 ㉓丹丹:红红的。 ㉔风日流美:风和日暖的时候。 ㉕晓树满星:早晨,每棵树上都亮晶晶的,好像布满了星星。 ㉖夕野皆火:黄昏时,满山遍野红成一片,好像火烧一样。 ㉗香山:在北京西郊。 ㉘仰山:在北京西郊。 ㉙寿安山:在北京西郊。 ㉚源:发源。 ㉛磊(lěi)磊:形容石头的众多。坎(kǎn):坑穴。 ㉜盖:连词,承接上文申说原因和理由。 ㉝鸟树声壮:鸟叫的声音和风吹树动的声音都很大。

第八单元

可，骤闻①。坐久，始别②，曰："彼鸟声，彼树声，此泉声也。"

又西上广泉废寺，北半里，五华寺，然而游者瞻卧佛辄返③，曰："卧佛无泉"④。

西湖七月半⑤

张　岱

西湖七月半，一无可看，只可看看七月半之人⑥。看七月半之人，以五类看之⑦。其一，楼船箫鼓⑧，峨冠盛筵⑨，灯火优傒⑩，声光相乱⑪，名为看月而实不见月者，看之⑫。其一，亦船亦楼，名娃闺秀⑬，携及童娈⑭，笑啼杂之，还坐露台⑮，左右盼望⑯，身在月下而实不看月者，看之。其一，亦船亦声歌，名妓闲僧，浅斟低唱⑰，弱管轻丝⑱，竹肉相发⑲，亦在月下，亦看月而欲人看

---

①喈（jiē）喈：本指鸟的啼声，这里形容泉水的声音。骤：立即。　②别：辨别。　③瞻：看到。卧佛：水尽头附近有卧佛寺，寺中有元代铜铸的卧佛。辄（zhé）：就。　④卧佛：指卧佛寺。　⑤西湖：即今杭州西湖。七月半：农历七月十五，又称中元节。作者张岱（1597—1679），字宗子，又字石公，号陶庵，浙江山阴（今绍兴市）人，客居杭州。明代散文家，著有《琅嬛文集》《西湖梦寻》等。　⑥只可看看七月半之人：谓只可看那些来看七月半景致的人。　⑦以五类看之：把看七月半的人分作五类来看。　⑧楼船：指考究的有楼的大船。箫鼓：指吹打音乐。　⑨峨冠：头戴高冠，指士大夫。盛筵：摆着丰盛的酒筵。　⑩优傒（xī）：歌妓和仆役。傒，同"奚"，本指囚犯的子女，后借指奴仆。　⑪乱：混淆。　⑫看之：意为可以看看这一类人。下四类叙述末尾的"看之"同。　⑬名娃：著名的美女。闺秀：大户人家有才德的妇女。　⑭童娈（luán）：容貌美好的家童。　⑮啼：叫喊声。还，同"环"。露台：船上露天的平台。　⑯盼望：都是看的意思。　⑰浅斟：慢慢地喝酒。低唱：轻声地吟哦。　⑱弱管轻丝：谓轻柔的管弦音乐。　⑲竹肉相发：箫管伴和着歌声。竹：指竹制的管乐器。肉：指歌喉。

其看月者，看之。其一，不舟不车，不衫不帻①，酒醉饭饱，呼群三五②，跻入人丛③，昭庆、断桥④，嚣呼⑤嘈杂，装假醉，唱无腔曲⑥，月亦看，看月者亦看，不看月者亦看，而实无一看者，看之。其一，小船轻幌⑦，净几暖炉，茶铛旋煮⑧，素瓷静递⑨，好友佳人，邀月同坐，或匿影树下⑩，或逃嚣里湖⑪，看月而人不见其看月之态，亦不作意看月者⑫，看之。

杭人游湖⑬，巳出酉归⑭，避月如仇。是夕好名⑮，逐队争出，多犒门军酒钱⑯。轿夫擎燎⑰，列俟岸上⑱。一入舟，速舟子急放断桥⑲，赶入胜会。以故二鼓以前⑳，人声鼓吹㉑，如沸如撼㉒，如魇如呓㉓，如聋如哑㉔。大船小船一齐凑岸，一无所见，止见篙击篙㉕，舟触舟，肩摩肩㉖，面看面而已。少刻兴尽，官府席散，皂隶喝道去㉗。轿夫叫船上人，怖以关门㉘，灯笼火把如列星㉙，一一簇拥而去㉚。岸上人亦逐队赶门，渐稀渐薄，顷刻散尽矣。

---

①不舟不车，不衫不帻：不坐船，不乘车，不穿长衫，不戴头巾，指放荡随便。帻(zé)，头巾。　②呼群三五：呼唤朋友，三五成群。　③跻(jī)：通"挤"。　④昭庆，寺名，即昭庆寺，在西湖东北隅岸上。断桥：在西湖白堤上，原名宝佑桥，唐代称断桥。　⑤嚣(xiāo)呼：大喊大叫。嚣，通"嚻"。　⑥无腔曲：没有腔调的歌曲，形容唱得乱七八糟。　⑦轻幌：细薄的帷幔。幌，布幔。　⑧铛(chēng)：温茶、酒的器具。旋(xuàn)：随时，随即。　⑨素瓷静递：雅洁的瓷杯无声地传递。　⑩匿(nì)影：藏身。　⑪逃嚣：躲避喧闹。里湖：西湖的白堤以北部分。　⑫作意：故意，作出某种姿态。　⑬杭人：杭州人。　⑭巳(sì)：巳时，约为上午九时至十一时。酉：酉时，约为下午五时至七时。　⑮是夕好名：七月十五这天夜晚，人们喜欢这个名目。"名"，指"中元节"的名目，等于说"名堂"。　⑯犒(kào)：用酒食或财物慰劳。门军：守城门的军士。　⑰擎(qíng)：举。燎(liào)：火把。　⑱列俟(sì)：排着队等候。　⑲速：催促。舟子：船夫。放：开船。　⑳二鼓：二更，约为夜里十一点左右。　㉑鼓吹：指鼓、钲、箫、笳等打击乐器、管弦乐器奏出的乐曲。　㉒如沸如撼：像水沸腾，像物体震撼，形容喧嚷。　㉓魇(yǎn)：梦中惊叫。呓：说梦话。这句指在喧嚷中的种种怪声。　㉔如聋如哑：指喧闹中震耳欲聋，自己说话别人听不见。　㉕篙：用竹竿或杉木做成的撑船的工具。　㉖摩：碰，触。　㉗皂隶：衙门的差役。喝道：官员出行，衙役在前边吆喝开道。　㉘怖以关门：用关城门恐吓。　㉙列星：分布在天空的星星。　㉚簇(cù)拥：许多人紧紧围着。

第八单元

　　吾辈始舣舟近岸①，断桥石磴始凉②，席其上③，呼客纵饮④。此时月如镜新磨⑤，山复整妆，湖复颒面⑥，向之浅斟低唱者出⑦，匿影树下者亦出。吾辈往通声气⑧，拉与同坐。韵友来⑨，名妓至，杯箸安⑩，竹肉发。月色苍凉⑪，东方将白，客方散去。吾辈纵舟酣睡于十里荷花之中⑫，香气拍人⑬，清梦甚惬⑭。

柳敬亭说书

张　岱

　　南京柳麻子⑮，黧黑⑯，满面疤瘤⑰，悠悠忽忽⑱，土木形骸⑲。善说书。一日说书一回，定价一两，十日前送书帕⑳下定㉑。常不得空。南京一时有两行情人㉒，王月生㉓、柳麻子是也。

　　余听其㉔说《景阳冈武松打虎》白文㉕，与本传大异。其描写刻画，微入豪发㉖；然又找截干净㉗，并不唠叨。哱夬㉘声如巨钟，说

---

①舣(yǐ)：通"移"，移动船使停靠岸。浙江沿海一带船上用语颇为讲究，凡事以吉利为上，移（有迁移之嫌，船上人以船为家）船上不可说王（亡谐音）、陈（沉谐音），故说王为黄，陈为沈，如今上海浙江沿海一带仍袭用。　②磴(dèng)：石头台阶。　③席其上：在石磴上摆设酒筵。　④纵饮：尽情喝。　⑤镜新磨：刚磨制成的镜子。古代以铜为镜，磨制而成。　⑥颒(huì)面：洗脸。形容湖面恢复平静光洁。　⑦向：方才，先前　⑧往通声气：过去打招呼。　⑨韵友：风雅的朋友，诗友。　⑩箸(zhù)：筷子。安：放好。　⑪苍凉：幽凉。　⑫纵舟：放开船。　⑬拍：扑。　⑭惬(qiè)：快意。　⑮柳麻子：指柳敬亭，因其面麻，故人称"柳麻子"。　⑯黧(lí)黑：面色黄黑。　⑰疤瘤(lěi)：外皮小包，疙瘩。　⑱悠悠忽忽：放任轻忽。　⑲土木形骸：外形如泥塑木雕的偶像。　⑳书帕：书银和节目。　㉑下定：约好来说书。　㉒两行(háng)情人：两个红极一时的人物。　㉓王月生：当时南京的名歌妓。　㉔其：柳敬亭。　㉕白文：大书，重在说时的语言、表情和声势。　㉖微入豪发：豪同"毫"，细腻得像毫毛和头发一样。　㉗找截干净：应补叙即补叙，应停止即停止，毫无拖沓松散之病。　㉘哱夬(bó guài)：说书时高昂的声音。

至筋节处①，叱咤②叫喊，汹汹③崩屋。武松到店沽酒④，店内无人，謈⑤地一吼，店中空缸空甓⑥皆瓮瓮⑦有声。闲中著色⑧，细微至此。主人必屏息静坐，倾耳听之，彼方掉舌⑨，稍见下人咶哔⑩耳语，听者欠伸⑪有倦色，辄⑫不言，故不得强⑬。每至丙夜⑭，拭桌剪灯，素⑮瓷静递，款款⑯言之。其疾徐轻重，吞吐抑扬，入情入理，入筋入骨，摘世上说书之耳而使之谛⑰听，不怕其齰舌⑱死⑲也。

柳麻子貌奇⑳丑，然其口角波俏㉑，眼目流利㉒，衣服恬静㉓，直㉔与王月生同其婉娈㉕，故其行情正等㉖。

柳敬亭传㉗

黄宗羲

余读《东京梦华录》㉘、《武林旧事记》㉙，当时演史小说者㉚数

---

①筋节处：关键的地方。　②叱咤(chì zhà)：发怒的声音。　③汹汹：说书时声音，气势巨大。　④沽酒：买酒喝。　⑤謈(mò)：猛然间。　⑥甓(pì)：瓦器。　⑦瓮瓮：指声音。　⑧闲中著色：在没有什么情节的地方加以渲染。　⑨掉舌：动舌，指开口说书。　⑩咶哔(zhé bì)：小语。　⑪欠伸：打呵欠，伸懒腰。　⑫辄(zhé)：即。　⑬强(qiǎng)：勉强。　⑭丙夜：夜中子时，指深夜。　⑮素：白色或单纯的颜色。　⑯款款：和缓的样子。　⑰谛(dì)：仔细。　⑱齰(zé)舌：咬舌，惊叹愧服。　⑲死：达到极点。　⑳奇：甚，异常。　㉑口角波俏：说书的口齿十分伶俐。　㉒流利：传神。　㉓恬(tián)静：洁净。　㉔直：当。　㉕婉娈(luán)：美好。　㉖行情正等：身价相当。　㉗作者黄宗羲（1610—1695），字太冲，号南雷，浙江余姚人，明清之际思想家、史学家、文学家。　㉘《东京梦华录》：南宋孟元老著。记述当时汴京的城市面貌和人民生活，很有史料价值。　㉙《武林旧事记》：现在通行本为《武林旧事》，南宋周密（署名"泗水潜夫"）著，是作者入元后追记南宋都城临安（今杭州市）旧事而作的。武林，西湖西北面的山名，过去常以它代杭州。　㉚演史小说者：说唱艺人。宋时民间文艺有说话（讲故事）一门，包括小说、谈经、讲史（亦称平话）等，其中以小说、讲史故事影响较大。演，表演，说唱。

第八单元

十人。自此以来,其姓名不可得闻。乃近年共称柳敬亭之说书。

柳敬亭者,扬①之泰州②本姓曹。年十五,犷③悍无赖,犯法当死,变姓柳,之盱眙④市中为人说书,已能倾动其市人。久之,过江,云间⑤有儒生莫后光见之,曰:"此子机变⑥,可使以其技鸣⑦。"于是谓之曰:"说书虽小技,然必句性情,习方俗⑧,如优孟摇头而歌⑨,而后可以得志⑩。"敬亭退而凝神定气⑪,简练揣摩⑫,期月而诣莫生。生曰:"子之说,能使人欢咍嗢噱⑬矣。"又期月,生曰:"子之说,能使人慷慨涕泣矣。"又期月,生喟然⑭曰:"子言未发而哀乐具乎其前,使人之性情不能自主,盖进乎技⑮矣。"由是之扬,之杭,之金陵⑯,名达于缙绅⑰间。华堂旅会⑱,闲亭独坐,争延之使奏其技,无不当于心称善也。

宁南⑲南下,皖帅⑳欲结欢㉑宁南,致敬亭于幕府㉒。宁南以为相见之晚,使参机密。军中亦不敢以说书目㉓敬亭。宁南不知书㉔,

---

①扬:扬州府。府治在今江苏省扬州市。　②泰州:现在江苏省泰州市,当时属扬州府。　③犷(guǎng)悍:粗野强悍。　④盱眙(xū yí):县名,在江苏省西部。　⑤云间:松江府的别称。今上海市松江区一带。　⑥机变:机智灵变。　⑦以其技鸣:用他的演技获得名声。鸣,扬名声。　⑧句性情,习方俗:探究所讲说人物的性格感情,研习各地方的风土人情。　⑨优孟摇头而歌:优孟,优伶名孟,春秋时楚国人。楚国的宰相孙叔敖死,他的儿子很穷,砍柴为生。于是优孟穿着孙叔敖的衣冠,模仿其神态,摇头而歌,感动了楚庄王。庄王终于给了孙叔敖的儿子封地。　⑩得志:遂心,达到目的。　⑪凝神定气:聚精会神。　⑫简练揣摩:用心练习,用心探索。简,选择,有所取舍。　⑬欢咍(hāi)嗢噱(wà jué):欢咍,欢快。咍,喜悦。嗢噱,大笑。欢咍嗢噱,大笑不止。　⑭喟(kuì)然:叹息的样子。　⑮进乎技:到了精妙的程度。　⑯金陵:南京。　⑰缙(jìn)绅:也写作"搢绅",插笏于绅,是官吏的装束,所以旧时用以泛指上层人物。缙,插。绅,大带。　⑱旅会:大聚会。旅,众。　⑲宁南:左良玉,字昆出,明末山东临清人。先率军在宁东与清军作战,升总兵官。其后在河南一带与张献忠、李自成起义军作战。南下驻武昌,封宁南伯。南明福王时进封为宁南侯。　⑳皖帅:指提督杜宏域,他和柳敬亭是故交。　㉑结欢:讨好。　㉒致敬亭于幕府:介绍敬亭到(左良玉)的幕府。致,送。幕府,这里指武将的衙门。　㉓目:看,名词作动词用。　㉔不知书:没有读过书,没有文化。

所有文檄①,幕下儒生设意修词②,援古证今③,极力为之,宁南皆不悦。而敬亭耳剽口熟④,从委巷活套中来⑤者,无不与宁南合意。尝奉命至金陵⑥,是时朝中皆畏宁南,闻其使人来,莫不倾动加礼⑦,宰执⑧以下俱使之南面上坐,称柳将军,敬亭也无所不安也。其市井小人⑨昔与敬尔汝⑩者,从道旁私语:"此故吾侪⑪同说书者也,今富贵若此!"

亡何国变⑫,宁南死。敬亭丧失其资略尽⑬,贫困如故时,始复上街头理其故业。敬亭既在军中久,其豪猾⑭大侠、杀人亡命⑮、流离遇合、破家失国之事,无不身亲见之,且五方⑯土音,乡俗好尚⑰,习见习闻,每发一声,使人闻之,或如刀剑铁骑,飒然⑱浮空,或如风号雨泣,鸟悲兽骇,亡国之恨顿生,檀板之声无色⑲,有非莫生之言可尽者矣。

---

①文檄(xí):用以征召、晓谕或声讨的文书。　②设意修词:命意和润色词句。　③援古证今:引用古事或古书,以证明现在应怎样做。　④耳剽(piāo)口熟:耳朵经常听到的,嘴里经常说的。剽,掠取,这里是得到的意思。　⑤从委巷活套中来:从僻陋里巷的俗语常谈中来。　⑥尝奉命至金陵:这是北京被李自成农民起义军攻破,崇祯皇帝死后,福王在南京即皇帝位(历史上称为"南明")之后的事。　⑦加礼:礼遇有加,以恭敬之礼接待。　⑧宰执:掌政的大官。宰,宰相(明朝"大学士"是宰相职)。执,掌管(政务)。　⑨市井小人:街坊上地位低微的人。　⑩尔汝:平辈不分彼此,以你我相称。　⑪侪(chái):辈。　⑫亡(wú)何国变:不久,明朝覆灭。亡何,同"无何"。　⑬略尽:差不多光了。　⑭豪猾:强横狡诈不守法纪的人。　⑮亡命:逃命。　⑯五方:东西南北中,各处。　⑰好尚:所爱好,所崇尚。　⑱飒(sà)然:爽利的样子。　⑲檀板之声无色:意思是,把伴奏的声音压下去了。檀板,檀木制的拍板,古代歌舞用以点明节拍,后来也用来伴奏。

第八单元

秦淮健儿传①

李 渔

嘉靖②中,秦淮③民间有一儿,貌魁梧④,色黝⑤异⑥。生数月,便不乳⑦,与大人同饮啜⑧。周岁,怙恃交失⑨,鞠⑩于外氏⑪。长⑫有膂力⑬,善拳击,尝以一掌毙一犬,人遂呼为"健儿"。

健儿与群儿斗,莫不辟易⑭,群儿结数十辈⑮攻之,健儿纵拳四挥,或啼或号,各抱头归,诉其父兄。父兄来叱曰:"谁家豚⑯犬⑰,敢与老子相触⑱耶?"健儿曰:"焉⑲敢相触,为长者服步武之劳⑳,则可耳!"乃至父兄前,以两手擎㉑父兄,两胫㉒去地二尺许,且行且止,或昂㉓之使高,或抑㉔之使下。父兄恐颠仆㉕,莫敢如何,但咭咭㉖笑。乡人哄㉗焉。

健儿性善动,不喜读书,外氏命就外傅㉘,不率教㉙,师夏㉚楚㉛之,则夺扑㉜裂眦㉝曰:"功名应赤手㉞致,焉用琐琐㉟章句为?"

---

①作者李渔(1611—约1679),字笠翁,清朝初年浙江兰豀人,一生从事戏剧工作,曾经率领演员作巡回演出。他创作的传奇(南曲)很多,最著名的是《风筝误》、《蜃中楼》。他的《闲情偶寄》(一作《闲情偶集》),总结了前人丰富的戏剧创作经验,对戏曲理论方面有一定的贡献。 ②嘉靖:明世宗年号(1522—1566)。 ③秦淮:秦淮河,在今江苏省南京市。 ④魁梧:高大。 ⑤黝(yǒu):深黑。 ⑥异:特别。 ⑦乳:吃奶。 ⑧啜(chuò):吃。 ⑨怙恃交失:怙,依靠。恃,依赖。怙恃,指父母。交失,相继死去。 ⑩鞠:抚养。 ⑪外氏:外祖家。 ⑫长(zhǎng):长大。 ⑬膂(lǚ)力:体力。膂,脊骨。 ⑭辟易:退避。 ⑮辈:人。 ⑯豚(tún):小猪。 ⑰犬:狗生。 ⑱相触:交手。 ⑲焉:怎么。 ⑳服步武之劳:代为跑腿。 ㉑擎(qíng):举起。 ㉒胫:小腿。 ㉓昂:抬起。 ㉔抑(yì):降低。 ㉕颠仆:跌倒。 ㉖咭(jī)咭:笑声。 ㉗哄:许多人同时发出声音。 ㉘就外傅:到老师那里。 ㉙率教:听从教导。 ㉚夏(jiǎ):槚木。 ㉛楚:用戒尺打。 ㉜扑:戒尺。 ㉝裂眦(zì):睁大眼眶。 ㉞赤手:空手。 ㉟琐(suǒ)琐:卑微貌。

师出，即与同塾诸儿斗，诸儿无完肤。又时盗其外氏簪珥①衣物，向酒家饮，醉即猖狂生事。外氏苦之②，逐于外。为人牧羊，每窃羊换饮，诈言多歧③亡④。主人怒，复见摈⑤。

时已弱冠⑥矣，闻倭⑦入寇⑧，乃大快曰："是我得意时也！"即去海上从军，从小校⑨擢⑩功至裨将⑪。与僚⑫友饮，酒酣⑬，斗，力毙之，罪当死，遂弃官逃之⑭泗⑮，易姓名，隐于庖丁⑯。

民家有犊，丙夜⑰往盗之。牵出，必遽呼曰："君家牛我骑去矣！"呼竟⑱，倒骑牛背，以斧砍牛臀，牛畏痛，迅奔若风，追之莫及。次日，亡牛者适⑲市物色⑳之，健儿曰："昨过君家取牛者我也！告而后取，道㉑也，奚其盗㉒？"索㉓之，则牛已脯㉔矣，无可凭。

市中恶少㉕，推为盟主㉖，昼纵㉗六博㉘，夜游狭斜㉙。自恃㉚日甚，尝叹曰："世人皆不足敌！但恨生千载后，不得与拔山举鼎之雄一较胜负耳！"

邑㉛使者禁屠牛，健儿无所事事㉜，取向㉝所屠牛皮及骨角，往瓜、扬㉞间售之，得三十金，将归。饮旅馆中，解金置案头，酒家翁见之，谓曰："前途多豪客㉟，此物宜善藏之！"健儿掷杯砍案曰："吾纵横㊱天下三十年，未逢敌手，有能取得腰间物㊲者，当叩首降之！"

---

①簪(zān)珥：首饰。　②苦之：因他而苦恼。　③歧：岔路。　④亡：走失。　⑤摈(bìn)：斥退。　⑥弱冠：二十岁。　⑦倭(wō)：古代称日本。　⑧寇：侵犯。　⑨小校：小军官。　⑩擢(zhuó)：提升。　⑪裨(pí)将：副将。　⑫僚：同事的人。　⑬酣(hān)：酒喝得畅快。　⑭之：到。　⑮泗：今属安徽省。　⑯庖丁：厨师。　⑰丙夜：三更。　⑱竟：完毕。　⑲适：去到。　⑳物色：找寻。　㉑道：合于道理。　㉒奚(xī)其盗：怎可说是偷。　㉓索：讨还。　㉔脯(fǔ)：制肉干。　㉕恶少：品行恶劣的年轻人。　㉖盟主：头脑。　㉗纵：尽情地做。　㉘博：赌博。　㉙狭斜：娼妓居处。　㉚自恃：骄傲。　㉛邑(yì)：县。　㉜无所事事：无事可做。　㉝向：过去。　㉞瓜、扬：瓜洲、扬州，在今江苏省。　㉟豪客：指的是强盗。　㊱纵横：闯荡。　㊲腰间物：指的是银子。

第八单元

时有少年数人，醵①于左席，闻之错愕②，起问姓名里居。健儿曰："某姓名不传，向尝竖③功于边陲④，今挂冠⑤微服⑥，牛耳⑦于泗上诸英雄！"少年问能敌⑧几何辈⑨，健儿曰："遇万万敌，遇千千敌，计人而敌，斯⑩下矣！"诸少年益错愕。

健儿饮毕，束装上马，不二三里，一骑⑪追之，甚迅。健儿自度曰："殆⑫所云豪客耶？"比至，则一后生⑬，健儿遂不介意。后生问何之⑭，健儿曰："归泗。"后生曰："予⑮小子⑯亦泗人，归途迷失，望长者⑰指南⑱之。"于是健儿前驱，马上谈笑颇相得⑲。健儿谓后生曰："子⑳服㉑弓矢，善㉒决拾㉓乎？"后生曰："习㉔矣，而未娴㉕。"健儿援弓试之，力尽而弓不及彀㉖，弃之，曰："此物无用，佩之奚为㉗？"后生曰："物自有用，用物者无用耳！"乃引自试。时有鹜㉘唳空㉙，后生一发饮羽㉚，鹜坠马前。健儿异之。后生曰："君腰㉛短刀，必善击刺？"健儿曰："然！我所长不在彼，在此！"脱㉜以相示。后生视而剧曰："此割鸡屠狗物，将焉用之？"以两手一折，刀曲如钩，复以两手伸之，刀直如故。健儿失色，筹㉝腰间物非复我有矣！虽与偕行，而股栗㉞之状，渐不自持㉟。后生转以温言慰之。复前数里，四顾无人，后生纵声一喝，健儿坠马，后生先斩其马，曰："今日之事，有不唯吾命㊱者，如此马！"健儿匍伏㊲请

---

①醵(jù)：凑钱饮酒。　②错愕(è)：吃惊。　③竖：建立。　④边陲：边疆。　⑤挂冠：辞官。　⑥微服：便装。　⑦牛耳：执牛耳，就是做头领。　⑧敌：抵抗。　⑨几何辈：多少人。　⑩斯：则，就。　⑪骑(jì)：骑马的人。　⑫殆：恐怕。　⑬后生：青年。　⑭何之：到哪儿去。　⑮予：我。　⑯小子：小辈的人。　⑰长(zhǎng)者：老伯伯。　⑱指南：指示方向。　⑲相得：相投合。　⑳子：你。　㉑服：佩带。　㉒善：会使。　㉓决拾：射具。　㉔习：学习。　㉕娴：熟练。　㉖不及彀(gòu)：没有拉满。　㉗奚为：有什么用。　㉘鹜(wù)：大雁。　㉙唳空：在空中叫。　㉚饮羽：箭深深地射进去。　㉛腰：佩带。　㉜脱：解下。　㉝筹：盘算。　㉞股栗：恐惧。　㉟不自持：自己禁不住。　㊱不唯吾命：不听我的话。　㊲匍伏：伏在地上。

所欲。后生曰："无用物！盍①解腰缠②来献？"健儿解囊输③之，顿首④乞命。后生曰："吾得一囊金，差可⑤十日醉。子犹⑥草莱⑦，何足诛锄！"拨马寻故道⑧去。

健儿神气沮丧⑨，足循循⑩不前，自思三十金非长物⑪，但半世英雄，败于乳臭儿之手，何颜复见诸兄弟！遂不归泗，向一村墅⑫，结庐⑬卖酒聊生⑭。每思往事，辄恧恧⑮欲死。

一日，春风淡荡，有数少年索饮。裘马甚都⑯，似五陵公子⑰，而意气豪纵⑱，又似长安⑲游侠儿⑳，击案狂歌，旁若无人。且曰："涤器翁㉑似不俗，当偕之。"遂拉健儿入座。健儿视九人皆弱冠，唯一总角者㉒，貌白皙㉓若处子㉔，等闲㉕不发一言，一言则九人倾听，坐则右㉖之，饮则先之。健儿不解㉗其故㉘。而末座一冠者㉙，似尝谋面㉚，睇视㉛之，则向㉜斩马劫财之人也！谓健儿曰："东君㉝尚识故人㉞耶？"健儿不敢应。后生曰："畴昔㉟途中，解腰缠赠我者，非子而谁？我侪㊱岂攘攫者流㊲，特于邮㊳旁肆㊴中，闻子大言恐世㊵，故来与子雌雄㊶，不意竟输我一筹㊷。今来归赵璧㊸耳！"遂出左袖三十金置案头，曰："此母㊹也。于今一年，子㊺当肖之㊻。"

----

①盍(hé)：何不。　②腰缠：随身的财物。　③输：送给。　④顿首：叩头。　⑤差可：大概可以。　⑥犹：好像。　⑦草莱：杂草。　⑧故道：原路。　⑨沮(jǔ)丧：灰心失望。　⑩循循：迟迟。　⑪非长物：算不了什么东西。　⑫村墅(shù)：村庄。　⑬结庐：筑茅屋。　⑭聊生：维持生活。　⑮恧(nǜ)：惭愧。　⑯都：漂亮。　⑰五陵公子：富贵人家子弟。　⑱意气豪纵：气派不凡。　⑲长安：大都市的代称。　⑳游侠儿：抑强扶弱、见义勇为的人。　㉑涤器翁：洗酒器的老头，指健儿。　㉒总角者：梳角髻的，儿童。　㉓皙(xī)：洁白。　㉔处子：未出嫁的女子。　㉕等闲：随便。　㉖右：上首。　㉗解：明了。　㉘故：原因。　㉙冠（guān)者：戴帽子的。　㉚谋面：见过面。　㉛睇视：斜视。　㉜向：从前。　㉝东君：主人。　㉞故人：旧友。　㉟畴昔：从前。　㊱侪(chái)：辈。　㊲攘攫(rǎngjué)者流：抢劫的人。　㊳邮：驿站。　㊴肆：店。　㊵恐世：恐吓别人。　㊶雌雄：较量。　㊷一筹：一着。　㊸归赵璧：原物归还。　㊹母：本钱。　㊺子：利钱。　㊻肖之：和本钱一样多。

又探右袖，出三十金，共予①之。健儿不敢受。旁一后生拔剑怒目，曰："物为人攫，而不能复②；还之，又不敢取，安用此懦夫③！"健儿惧，急纳袖中，乃治④鸡黍⑤为欢。诸后生不肯留。归金者曰："翁亦可怜矣，峻⑥拒之，则难堪⑦！"众乃止。

时爨⑧下薪穷，健儿欲乞诸邻。后生指屋旁枯株谓之曰："盍载⑨斧斤⑩？"健儿曰："正苦无斧斤耳！"后生踌躇⑪久之，曰："此事须让十弟，我九人无能为也。"总角者以两手抱株，左右数挠⑫，株已卧矣。遂拔剑砍旁柯⑬燃之。酒至无算⑭，乃辞去。竟不知其何许⑮人。

健儿自是绝不与人较力，人殴之，则袖手不报⑯。或曰："子曩⑰日英雄安在⑱？"健儿则以衰朽谢之。后得以天年⑲终，不可谓非后生力也！

与友人论门人书

顾炎武

伏承来教，勤勤恳恳，闵其年之衰暮，而悼其学之无传⑳，其

---

①予：给。　②复：夺回。　③懦夫：软弱的人。　④治：备办。　⑤鸡黍：招待宾客的饭菜。　⑥峻：严厉。　⑦难堪：受不住。　⑧爨(cuàn)：灶。　⑨载：拿出。　⑩斧斤：斧头。　⑪踌躇(chóu chú)：犹豫不决。　⑫挠(náo)：扭动。　⑬柯：树枝。　⑭无算：极多。　⑮何许：哪里。　⑯报：报复。　⑰曩(nǎng)：以往。　⑱安在：在哪儿。　⑲天年：天然的年寿。　⑳这两句的意思是说，哀悯我的晚年，忧伤我的学术没有继承人。这两个"其"字指顾炎武自己（与下文"其为意"的"其"字不同）。顾炎武（1613—1682），苏州府昆山县（今江苏昆山市）人，原名绛，字忠清。明亡后改名炎武，字宁人，亦自署蒋山佣。尊称为亭林先生。明末清初著名的思想家、史学家、语言学家。著有《日知录》、《音学五书》等。

为意甚盛。然欲使之效曩者二三先生①，招门徒，立名誉，以光显于世，则私心有所不愿也。

若乃西汉之传经，弟子常千余人，而位高者至公卿，下者亦为博士②。以名其学，可不谓荣欤？而班史乃断之曰："盖禄利之路然也③。"故以夫子之门人且学干禄④，子曰："三年学，不至于谷，不易得也⑤。"而况于今日乎？

今之为禄利者，其无藉于经术也审矣。穷年所习，不过应试之文，而问以本经，犹茫然不知为何语⑥。盖举唐以来帖括之浅而又废之⑦，其无意于学也，传之非一世矣。矧⑧纳赀之例行⑨而目不识字者，可为郡邑博士。惟贫而不能徙业者，百人之中尚有一二读书，而又皆躁竞之徒，欲速成以名于世。语之以"五经"，则不愿

---

①曩者二三先生：过去二三先生，即下文的陈白沙（献章）、王阳明（守仁），包括顾炎武最嫉恨的李贽（卓吾）那些心学家们。　　②汉代经学，皆有传授。自汉武帝尊崇儒术，选用儒吏，讲学的风气更为盛行，儒生亦以经学取仕。故"西都公卿士大夫，或出于文学（儒者）"。博士：汉武帝建元五年（前136）设置的学官，专门传授经学。
③班史：指班固著的《汉书·儒林传》赞说："自武帝立五经博士，开弟子员，设科射策，劝以官爵，大师众至千余人，盖禄利之路然也。"意思说，朝廷用官爵来鼓励儒生，儒生把经学作为谋取利禄的道路。　　④孔丘弟子颛孙师（子张）学干禄，见《论语·为政》。干禄：求官。　　⑤这三句话见《论语·泰伯》，意思是说，学习三年，而不求得禄位，这样的人，是不易得的。　　⑥应试之文：即八股文。本经：指儒家经典原著。明代以经义取士，考八股文，试子往往习文废经。"士子有名登前列，而不知史册名目、朝代先后、字书偏旁者。举天下而惟十八房（即房稿，书坊刻印的进士考卷文章）之读，读之三年五年，而一幸登第。"或者"于'四书'、一经之中，拟题一二百道，窃取他人之文记之，入场之日，抄誊一过，便可侥幸中式。"（见《日知录》卷十六）　　⑦帖括：一名帖经，考试时把经文的两端覆盖，只剩几个字，命应试者默填全段注疏。《日知录》卷十六指出，唐时经科"考试之法，令其全写注疏，谓之帖括。今之学者，殆注疏而不观。"　　⑧矧（shěn）：况且。　　⑨纳赀之例：即捐监生的条例。明代前期，曾准许生员（即秀才）纳粟捐监生，后期一般士子都可以捐监。有了监生的资格，又可捐纳而为府县的教谕、训导。郡邑博士：指府县的学官。

第八单元

学；语之以白沙、阳明之语录，则欣然矣①：以其袭而取之易也。其中小有才华者，颇好为诗②，而今日之诗亦可以不学而作。吾行天下，见诗与语录之刻，堆几积案，殆于瓦釜雷鸣③，而叩以"二南"、"雅"、"颂"之义④，不能说也。于此时而行吾之道，其谁从之？"大匠不为拙工改废绳墨，羿不为拙射变其彀率⑤。"若徇众人之好而自贬其学，以来天下之人而广其名誉，则是枉道以从人，而我亦将有所不暇⑥。

惟是斯道之在天下，必有时而兴，而君子之教人，有私淑艾者⑦，虽去之百世，而犹若同堂也。所著《日知录》三十余卷，平生之志与业，皆在其中。惟多写数本，以贻之同好。庶不为恶其害己者之所去⑧，而有王者起，得以酌取焉，其亦可以毕区区之愿矣。夫道之污隆，各以其时，若为己而不求名⑨，则无不可以自勉。鄙哉硁硁⑩，所以异于今之先生者如此，高明何以教之？

---

①白沙、阳明之语录：陈献章有《白沙先生语录》二卷（杨起元辑），王守仁有《阳明先生要语》三卷（萧廪辑）。明初把程朱道学视为官方哲学，编有《四书大全》和《五经大全》，规定士子必读，作为考试标准。　②这里指晚期以袁宏道为首的公安派、以钟惺为首的竟陵派诸人标榜抒写"性灵"的诗风。　③瓦釜雷鸣：比喻庸人得势喧嚣。瓦釜：即瓦缶，是很原始、很低级的乐器。　④"二南"、"雅"、"颂"：指《诗经》，封建时代被认为是诗歌的典范。《诗经》包括"国风"、"雅"、"颂"三部分。"周南"、"召南"是十五国风之首，故以"二南"指代"风"。　⑤绳墨：代表木工的标准。羿：相传是尧时善射的人。彀率：指射时张弓的法度。这两句话见《孟子·尽心上》。　⑥徇：曲从。来：招徕。枉道：歪曲正道。不暇：不空，指不屑浪费时光做这种无聊事。　⑦私淑艾(yì)者：指不是受业的学生，而私自学其善者，用以治学。淑：善。艾：治，指治学。语见《孟子·尽心上》。　⑧恶其害己：语出《孟子·万章下》。这里指上文所举提倡学语录和八股文以及小有才好为诗的人，恨《日知录》讲实学、针时弊，怕对自己不利。　⑨污隆：指衰颓和兴盛。为己、求名：这是两种不同的指导学习的思想，《荀子·劝学》中说："古之学者为己，今之学者为人。"为己，使自己的学行充实完善；为人，迎合别人的好恶，企图得到赏识。　⑩鄙哉硁(kēng)硁：形容鄙陋窄隘，坚持小信。语见《论语·宪问》，这是作者自谦之词。

醉乡记①

戴名世

昔余尝至一乡②,辄颓然靡然③,昏昏冥冥④,天地为之⑤易位,日月为之失明,目为之眩⑥,心为之荒惑⑦,体为之败乱。问之人:是何乡也?曰:酣适之方⑧,甘旨之尝⑨,以徜以徉⑩,是为醉乡。

呜呼⑪!是为醉乡也欤⑫?古之人不余欺也⑬!吾尝闻夫刘伶、阮籍之徒⑭矣。当是时⑮,神州陆沉⑯,中原鼎沸⑰,而天下之人,放纵恣肆⑱,淋漓颠倒⑲,相率入醉乡不已⑳。而以吾所见,其间未尝有可乐者。或以为可以解忧云尔㉑。夫忧之可以解者,非真忧也。夫果有其忧焉,抑亦㉒必不解也。况醉乡实不能解其忧也。然则入醉乡者,皆无有忧也。

呜呼!自刘、阮以来,醉乡遍天下,醉乡有人,天下无人矣!

---

①醉乡:指喝醉酒后神志不清的状态。作者戴名世(1653—1713),字田有,号忧庵,人称潜虚先生。安徽桐城人,清初散文家。 ②尝:曾经。乡:地方。 ③辄(zhé):就。颓(tuí)然靡然:委靡;软乏。 ④昏昏冥冥:糊里糊涂。 ⑤之:它(指醉乡)。 ⑥眩:发化;发晕。 ⑦荒惑:迷乱。 ⑧酣适之方:畅快舒服的地方。 ⑨甘旨之尝:有美好的酒食可以尝到。甘旨,本指美好的食品。 ⑩以徜(cháng)以徉(yáng):可以自由自在地走来走去。徜徉,徘徊,盘旋。 ⑪呜呼:感叹词。类似现代汉语里的"唉"。 ⑫欤:表示疑问的语气。 ⑬不余欺:否定句中,代词"余"作宾主,宾主前置。"不余欺"即"不欺余"。 ⑭夫:语助词。刘伶、阮籍:刘伶字伯伦,阮籍字嗣宗,魏晋时人。他们生当乱世,为了避祸的需要,经常喝酒而且大醉。这里借指任性纵酒的人。徒:指同类的人。 ⑮是时:这个时候。 ⑯神州:中国。陆沉:陆地无水而沉,比喻国家丧乱。 ⑰中原鼎沸:指国家不安定。中原,本指黄河流域。鼎沸,如锅里开水的沸腾。 ⑱放纵恣肆:任性而为,无所顾忌。 ⑲淋漓颠倒:醉得很严重的样子。淋漓,形容酣畅。 ⑳相率:相互带引。不已:不止。 ㉑或:有人。云尔:语气词。有"据说如此"的意思。 ㉒抑亦:却也。

昏昏然，冥冥然，颓堕委靡，入而不知出焉。其不入而迷者，岂无其人者欤？而荒惑败乱者率①指以为笑，则真醉乡之徒也已②！

左忠毅公逸事③

方　苞

先君子④尝言：乡先辈左忠毅公视学京畿⑤。一日，风雪严寒，从数骑⑥出，微行⑦入古寺。庑下⑧一生伏案卧，文方成草⑨。公阅毕，即解貂⑩覆生，为掩户⑪。叩⑫之寺僧，则史公可法也。及试⑬，吏呼名至史公，公瞿然⑭注视，呈卷，即面署第一⑮。召入，使拜夫人，曰："吾诸儿碌碌，他日继吾志事⑯，惟此生耳。"

及左公下厂狱⑰，史朝夕狱门外。逆阉防伺⑱甚严，虽家仆不得近。久之，闻左公被炮烙⑲，旦夕且死⑳，持五十金㉑，涕泣谋于禁

---

①率：常；都。　②已：语气助词，与"矣"大略相同。　③选自《方望溪先生集》。左忠毅公（1575—1625），名光斗，字逸直，明朝桐城（今安徽桐城市）人。作者方苞（1668—1749），字灵皋，号望溪，安徽桐城人，清初著名散文家。　④先君子：对已故父亲的尊称。　⑤视学京畿(jī)：在京城地区担任考官，时为天启初年。古代称担任考官为视学。京畿，指京城和京城附近的地区。　⑥从数骑：让几个骑马的随从跟着。从，使动用法，"让……跟从"。骑，名词，一人一马。　⑦微行：小路。行，路。一说隐藏身份改装出行。　⑧庑(wǔ)下：厢房里。庑，廊屋，即厢房。　⑨成草：完成了草稿。　⑩解貂：脱下貂皮外衣。　⑪掩户：关门（以防风寒）。　⑫叩：询问。　⑬试：考试，这里指童生的岁考。　⑭瞿然：惊奇的样子。　⑮面署第一：当面书写，定为第一名。面：名词作状语，意思是"当面"。　⑯志事：志向事业。　⑰厂狱：明朝设东厂，缉查谋反等案件，由太监掌管，成为皇帝的特务机关。魏忠贤擅权时期，掌管东厂，正直的官吏多受陷害，左光斗也被诬下狱。　⑱逆阉：篡权祸国的大宦官魏忠贤。防伺：看守窥伺。　⑲炮烙：烧烫的酷刑。　⑳旦夕且死：旦夕，早晚。且，将要。　㉑五十金：五十两银子。

卒①,卒感焉。一日,使史更敝衣②,草屦③,背筐,手长镵④,为除不洁者⑤,引入。微指左公处⑥,则席地依墙而坐⑦,面额焦烂不可辨,左膝以下筋骨尽脱矣⑧。史前跪,抱公膝而呜咽。公辨其声,而目不可开,乃奋臂⑨以指拨眦⑩,目光如炬,怒曰:"庸奴⑪!此何地也,而汝来前!国家之事糜烂至此,老夫已矣,汝复轻身而昧大义⑫,天下事谁可支拄者?不速去,无俟奸人⑬构陷⑭,吾今即扑杀汝!"因摸地上刑械作投击势。史噤⑮不敢发声,趋⑯而出。后常流涕述其事以语人⑰,曰:"吾师肺肝,皆铁石所铸造也。"

　　崇祯末,流贼张献忠⑱出没蕲、黄、潜、桐⑲间,史公以凤庐道⑳奉檄㉑守御。每有警,辄㉒数月不就寝,使将士更休㉓而自坐幄幕㉔外。持健卒十人,令二人蹲踞而背倚之㉕,漏鼓移则番代㉖。每寒夜起立,振衣裳㉗,甲上冰霜迸落,铿然㉘有声。或劝以少休,公曰:"吾上恐负朝廷,下恐愧吾师也。"

---

　　①涕泣:涕,名词作动词,流着眼泪。泣,哭着。　②更敝衣:更,换上。敝衣,破衣服。　③草屦(jù):草鞋。此处名词作动词,穿上草鞋。　④手长镵(chán):拿着长镵。手,名词用作动词。镵,铲子。　⑤为除不洁者:装作打扫垃圾的人。为,装作。　⑥微指:悄悄地指。　⑦席地:把地当作席。席,意动用法,以……为席。　⑧尽脱:全部脱落。　⑨奋臂:用力地抬起手臂。　⑩以指拨眦:用手指拨开眼眶。眦,指眼眶。　⑪庸奴:无能、不识大体的奴才。　⑫昧大义:不明白事理。　⑬奸人:指魏忠贤的爪牙。　⑭构陷:编造罪名来陷害。　⑮噤(jìn):闭口。　⑯趋:小步快走。　⑰语(yù):告诉。　⑱流贼张献忠:明末农民起义领袖之一,起兵于陕西,攻占四川,建大西国,称大西王,后为清兵所杀。流贼,旧时士大夫对起义军的污蔑称呼。　⑲蕲、黄、潜、桐:蕲,蕲州府,今湖北蕲春县一带。黄,黄州府。潜,今安徽潜山县。桐,今安徽桐城市。　⑳凤庐道:管理凤阳府、庐州府的官。明朝在省下设分巡道、兵巡道、兵备道等官,管辖几个府的军政等事。凤阳府,今安徽凤阳县一带。庐州府,今安徽合肥市一带。　㉑奉檄:奉上级的命令。檄,古代官府用以征召、晓谕或声讨的公文。　㉒辄:总是,往往。　㉓更休:轮流休息。　㉔幄(wò)幕:(军用的)帐幕。　㉕背倚之:指相互背靠着。背,名词作状语,用背。　㉖漏鼓移则番代:过了一更鼓时间就轮流替换。漏,古代用滴水以计时的器具,名铜壶滴漏。鼓,打更的鼓。番代,轮换。　㉗振衣裳:抖动衣裳。　㉘铿然:清脆响亮的声音。

史公治兵①往来桐城，必躬造②左公第③，候太公、太母起居，拜夫人于堂上。

余宗老涂山，左公甥④也，与先君子善，谓狱中语乃亲得之于史公云。

鬼避姜三莽

纪 昀

姚安公⑤闻先曾祖润生公言：景城⑥有姜三莽者，勇而戆⑦。一日，闻人说宋定伯卖鬼得钱事⑧，大喜曰："吾今乃知鬼可缚！如每夜缚一鬼，唾使变羊，晓而牵卖于屠市，足供一日酒肉资矣。"于是夜夜荷梃执绳⑨，潜行墟墓间，如猎者之伺⑩狐兔，竟不能遇。即素称有鬼之处，佯⑪醉寝以诱致之，亦寂然无睹。一夕，隔林见数磷火，踊跃奔赴；未至间，已星散去。懊恨而返。如是月余，无所得，乃止。

盖鬼之侮人，恒⑫乘人之畏。三莽确信鬼可缚，意中已视鬼蔑如⑬矣，其气焰足以慑⑭鬼，故鬼反避之也！

---

①治兵：训练军队。　②造：到，往。　③第：府第。　④甥：这里指女婿。　⑤姚安公：纪昀的父亲，他做过云南姚安府知府。姚安，今云南省大姚县。纪昀(1724—1805)，字晓岚，号青帆，晚号石云，道号观弈道人，谥文达。直隶河北献县人。学问渊博，长于考证训诂，乾隆年间修《四库全书》，任总纂官，并主持写定了《四库全书总目》两百卷。　⑥景城：献县的一个村庄。　⑦戆(zhuàng)：愚而刚直。　⑧卖鬼得钱事：宋定伯捉到了鬼，鬼变成了羊，他就用唾沫唾它，使它不能再变化逃走，结果卖得了一千五百文钱。　⑨荷(hè)：捎着。梃：棍棒。　⑩伺：侦候。　⑪佯：假装。　⑫恒：常。　⑬蔑如：等于没有。　⑭慑(shè)：恐吓。

宝山记游①

管 同

宝山县城临大海，潮汐②万态，称为奇观。而予初至县时，顾③未尝一出。独夜卧人静，风涛汹汹④，直逼枕簟⑤，鱼龙舞啸⑥，其形声时入梦寐⑦间，意洒然快⑧也。

夏四月，荆溪周保绪⑨，自吴中⑩来。保绪故⑪好奇，与予善⑫。是月既望⑬，遂相携观月于海塘。海涛山崩⑭，月影银碎⑮，寥阔⑯清寒，相对疑非人世境。予大乐之。

不数日，又相携观日出。至则昏暗，咫尺不辨⑰；第⑱闻涛声，若风雷之骤⑲至。须臾⑳天明，日乃出。然不遽㉑出也，一线之光，低昂㉒隐见，久之而后升。《楚辞》曰："长太息兮将上。"㉓不至此，乌知其体物之工㉔哉！及其大上，硬则斑驳激射㉕，大抵与月同；而

---

①宝山：县名，今属上海市。作者管同（1780—1831），字异之，江苏上元（今南京市）人。清代散文家，著有《因寄轩文集》等。　②潮汐(xī)：定时涨落的海水，白天的叫潮，晚上的叫汐。　③顾：可是。　④汹(xiōng)汹：强烈的波浪声。　⑤簟(diàn)：竹席。　⑥啸(xiào)：长声呼叫。　⑦梦寐(mèi)：睡梦。　⑧洒然：没有拘束的样子。快：畅快。　⑨荆溪：旧县名，后来并入江苏省宜兴县。周保绪：作者的朋友，荆溪人。　⑩吴中：苏州。　⑪故：本来。　⑫善：友好。　⑬既望：阴历的每月十五日叫望。既望，指十六日。　⑭这句是说：海上的波涛起伏，像山倒塌的样子。　⑮银碎：细碎的银色光泽。　⑯寥(liáo)阔：空阔。　⑰咫(zhǐ)尺不辨：距离很近的地方也看不清楚。咫，周代八寸，约合今四寸多。　⑱第：只。　⑲骤(zhòu)：急剧。　⑳须臾(yú)：片刻。　㉑遽(jù)：立即。　㉒低昂：高低。　㉓长太息兮将上：这是《楚辞·九歌·东君》中的诗句，意思是："当你将要升上天空，你禁不住长长地叹息。"东君是太阳之神。　㉔乌：怎么。体物：具体地描写事物。工：精致，巧妙。　㉕斑驳：各种不同的颜色夹杂在一起。激射：喷涌一般发射出来。

其光侵眸①，可略观而不可注视焉。

后月②五日，保绪复置酒吴淞台③上。午晴风休，远波若镜。南望大洋，若有落叶十数，浮泛波间者，不食顷④已皆抵台下，视之，皆莫大⑤舟也。苏子瞻记登州之境⑥，今乃信之。于是保绪为予言京都及海内⑦事，相对慷慨⑧悲歌，至日暮乃反⑨。

宝山者，嘉定分县⑩，其对岸县曰崇明⑪。水之出乎两县⑫间者，实大海之支流⑬，非即大海也。然对岸东西八十里，其所见已极为奇观。由是而迤南⑭，乡⑮所见落叶浮泛处，乃为大海，而海与天连，不可复辨⑯矣。

与 妻 书⑰

林觉民

意映卿卿⑱如晤：吾今以此书与汝永别矣！吾作此书时，尚是世中一人；汝看此书时，吾已成为阴间一鬼。吾作此书，泪珠和笔

---

①眸(móu)：眼珠。　②后月：下月。这里指五月。　③吴淞台：台名，在宝山县吴淞镇，登临其上，可以观海。　④不食顷：不到一顿饭的工夫。　⑤莫大：非常大。　⑥苏子瞻记登州之境：苏轼曾任胶西滨海地区的地方官，对于登州（今山东蓬莱县）景色，作过一些描绘，写有《超然台记》以及《海市》等诗篇。　⑦海内：四海之内，即中国国内。　⑧慷慨：情绪激动。　⑨反：同"返"。　⑩宝山、嘉定：清朝时，宝山曾经是嘉定的分县，今皆属上海市。　⑪崇明：县名，今属上海市。　⑫两县：这里指嘉定县和崇明县。　⑬这里写的乃是长江口，本文说它"实大海之支流"是错误的。　⑭迤(yǐ)南：向南延伸。　⑮乡(xiàng)：方才。　⑯不可复辨：再也辨别不出来。　⑰这是作者参加孙中山领导的广州起义前写给妻子的绝笔书。林觉民(1887—1911)，字意洞，号抖风，又号天外生，福建省闽侯县（现在福州市）人，黄花岗七十二烈士之一，就义时年仅25岁。　⑱意映：作者妻子的名字。卿卿：旧时夫妻之间的爱称，多用于对女方的称呼。

墨齐下，不能竟书①而欲搁笔，又恐汝不察吾衷，谓吾忍舍汝而死，谓吾不知汝之不欲吾死也，故遂忍悲为汝言之。

吾至爱汝，即此爱汝一念，使吾勇于就死也。吾自遇汝以来，常愿天下有情人都成眷属；然遍地腥云，满街狼犬②，称心快意，几家能彀③？司马春衫④，吾不能学太上之忘情⑤也。语云⑥：仁者"老吾老，以及人之老；幼吾幼，以及人之幼⑦"。吾充⑧吾爱汝之心，助天下人爱其所爱，所以敢先汝而死，不顾汝也。汝体⑨吾此心，于啼泣之余，亦以天下人为念，当亦乐牺牲吾身与汝身之福利，为天下人谋永福⑩也。汝其勿悲！

汝忆否？四五年前某夕，吾尝语曰："与使吾先死也，无宁汝先吾而死⑪。"汝初闻言而怒，后经吾婉解，虽不谓吾言为是，而亦无词相答。吾之意盖谓以汝之弱，必不能禁⑫失吾之悲，吾先死留苦与汝，吾心不忍，故宁请汝先死，吾担悲也。嗟夫！谁知吾卒先汝而死乎？吾真真不能忘汝也！回忆后街之屋，入门穿廊，过前后厅，又三四折，有小厅，厅旁一室，为吾与汝双栖之所。初婚三四个月，适冬之望日⑬前后，窗外疏梅筛月影，依稀掩映；吾与（汝）⑭并肩携手，低低切切⑮，何事不语？何情不诉？及今思之，

---

①竟书：写完。　②遍地腥云，满街狼犬：比喻清朝血腥凶残的统治。腥云：指当时反动派的血腥统治。狼犬：比喻清朝统治者及其走狗。　③彀：同"够"。
④司马春衫："春衫"应为"青衫"，参见《琵琶行》。这里表达自己深切同情人民疾苦的心情。　⑤太上之忘情：古人有"太上忘情"之说，意思是指修养最高的人，忘了喜怒哀乐之情。　⑥语云：古语说。　⑦老吾老……以及人之幼：见《孟子·梁惠王上》。意思是尊敬我家里的长辈，从而推广到尊敬别人家里的长辈；爱护我家里的儿女，从而推广到爱护别人家里的儿女。第一个"老"字用作动词，作"敬爱"讲；第一个"幼"字也用动词，作"爱护"讲。"及"是动词。　⑧充：扩充，扩大。　⑨体：体谅。
⑩永福：永久的幸福。　⑪与使吾先死也，无宁汝先吾而死：与其让我先死，不如你比我先死。与：与其。　⑫不能禁：经受不住。　⑬望日：农历每月十五日。
⑭汝：原文缺，据文义补。　⑮切切：形容私语时低微细小的声音。

空余泪痕。又回忆六七年前,吾之逃家复归也,汝泣告我:"望今后有远行,必以告妾,妾愿随君行。"吾亦既许汝矣。前十余日回家,即欲乘便以此行之事语汝,及与汝相对,又不能启口,且以汝之有身①也,更恐不胜悲,故惟日日呼酒买醉。嗟夫!当时余心之悲,盖不能以寸管②形容之。

吾诚愿与汝相守以死,第③以今日事势观之,天灾可以死,盗贼可以死,瓜分之日可以死,奸官污吏虐民可以死,吾辈处今日之中国,国中无地无时不可以死,到那时使吾眼睁睁看汝死,或使汝眼睁睁看我死,吾能之乎?抑④汝能之乎?即可不死,而离散不相见,徒使两地眼成穿而骨化石⑤,试问古来几曾见破镜能重圆⑥?则较死为苦也,将奈之何?今日吾与汝幸双健。天下人不当死而死与不愿离而离者,不可数计,钟情⑦如我辈者,能忍之乎?此吾所以敢率性就死⑧不顾汝也。吾今死无余憾,国事成不成自有同志者在。依新⑨已五岁,转眼成人,汝其善抚之,使之肖⑩我。汝腹中之物,吾疑其女也,女必像汝,吾心甚慰。或又是男,则亦教其以父志为志,则我死后尚有二意洞在也。甚幸,甚幸!吾家后日⑪当甚贫,贫无所苦,清静过日而已。

吾今与汝无言矣。吾居九泉之下遥闻汝哭声,当哭相和⑫也。吾平日不信有鬼,今则又望其真有。今人又言心电感应有道⑬,吾

---

①有身:怀孕。　②寸管:毛笔的代称。　③第:但。　④抑:还是,表示选择。　⑤眼成穿而骨化石:这里用来形容夫妇离别两地相思的痛苦。骨化石:古代传说,有一女子,丈夫外出未归,盼他回来,天天登山远望,变成一块石头。后人称它为望夫石。　⑥破镜能重圆:比喻夫妻失散或决裂后重新团聚。　⑦钟情:指感情专注。　⑧率性就死:毅然踏上死地。率性:顺着本性去做。这里有索性、干脆的意思。　⑨依新:林觉民儿子的名字。　⑩肖:像。　⑪后日:今后的日子。　⑫相和(hè):相应和。　⑬心电感应有道:这是近代的一些唯心主义者的说法。

亦望其言是实，则吾之死，吾灵尚依依旁汝也，汝不必以无侣①悲。

吾平生未尝以吾所志语汝，是吾不是处；然语之，又恐汝日日为吾担忧。吾牺牲百死而不辞，而使汝担忧，的的②非吾所忍。吾爱汝至③，所以为汝谋者惟恐未尽。汝幸而偶我④，又何不幸而生今日之中国！吾幸而得汝，又何不幸而生今日之中国！卒不忍独善其身⑤。嗟夫！巾短⑥情长，所未尽者，尚有万千，汝可以模拟⑦得之。吾今不能见汝矣！汝不能舍吾，其时时于梦中得我乎！一恸！辛未⑧三月念六⑨夜四鼓，意洞手书。

家中诸母皆通文，有不解处，望请其指教，当尽吾意为幸。

---

①无侣：失去伴侣。　②的的(dí dí)：实在，的确。　③爱汝至：爱你到了极点。至：极。　④偶我：以我为配偶。偶：婚配。　⑤独善其身：致力于自己的道德操守。这里指只顾自己好。　⑥巾短：这封信当时是写在一条白布方巾上的，所以说"巾短"。　⑦模拟：想象，揣摩。　⑧辛未：应是辛亥，即1911年。　⑨念六：二十六日。念：数词，廿（二十）的大写。

第九单元 小说精选

林教头风雪山神庙①

施耐庵

题 解

　　林冲是京城八十万禁军教头，武艺十分高强。较高的地位，优厚的待遇，美满的家庭，使林冲自然地形成安于现实、怯于反抗的性格，对统治阶级的迫害一再隐忍；同时这种经历又使他结交四方好汉，形成了豪爽、耿直、不甘久居人下的品性。因此，林冲的隐忍中蕴藏着不能隐忍的因素，积聚着复仇的怒火。《林教头风雪山神庙》一节则是表现林冲的性格发展，怒火总爆发，最后被逼上梁山。这是《水浒传》中最精彩的篇章之一。

　　话说当日林冲正闲走间，忽然背后人叫。回头看时，却认得是酒生儿②李小二。当初在东京时，多得林冲看顾；后来不合③偷了店主人家钱财，被捉住了，要送官司问罪，又得林冲主张陪话④，救

---

①小说选自《水浒传》第十回。作者施耐庵（1296—1370），原名彦端，字肇端，号子安，别号耐庵。江苏兴化白驹场（一说浙江钱塘）人。元末明初的文学家。博古通今，才气横溢，群经诸子，词章诗歌，天文、地理、医卜、星象，一切技术无不精通，与拜他为师的罗贯中一起研究《三国演义》、《三遂平妖传》的创作，搜集、整理关于梁山泊宋江等英雄人物的故事，最终写成"四大名著"之一的《水浒传》。　②酒生儿：酒店里的伙计。　③不合：不该。　④主张陪话：出头做主，为他说好话。

小说精选

了他免送官司，又与他赔了些钱财，方得脱免；京中安不得身，又亏林冲赍发①他盘缠，于路②投奔人。不想今日却在这里撞见。林冲道："小二哥，你如何也在这里？"李小二便拜道："自从得恩人救济，赍发小人，一地里投奔人不着。迤逦③不想来到沧州，投托一个酒店主人，姓王，留小人在店中做过卖④。因见小人勤谨，安排的好菜蔬，调和的好汁水⑤，来吃的人都喝采，以此买卖顺当，主人家有个女儿，就招了小人做女婿。如今丈人丈母都死了，只剩得小人夫妻两个，权在营前⑥开了个茶酒店。因讨钱过来，遇见恩人。恩人不知为何事在这里？"林冲指着脸上道："我因恶了高太尉⑦，生事陷害，受了一场官司，刺配⑧到这里。如今叫我管⑨天王堂，未知久后如何。不想今日在此见你。"李小二就请林冲到家里坐定，叫妻子出来拜了恩人。两口儿欢喜道："我夫妻二人正没个亲眷，今日得恩人到来，便是从天降下。"林冲道："我是罪囚，恐怕玷辱你夫妻两个。"李小二道："谁不知恩人大名，休恁地说。但有衣服，便拿来家里浆洗缝补。"当时管待林冲酒食，至晚送回天王堂。次日又来相请。自此林冲得李小二家来往，不时间送汤送水来营里与林冲吃。林冲因见他两口儿恭勤孝顺，常把些银两与他做本钱。

且把闲话休提，只说正话。光阴迅速，却早冬来。林冲的棉衣裙袄都是李小二浑家整治缝补。忽一日，李小二正在门前安排菜蔬下饭，只见一个人闪将进来，酒店里坐下；随后又一人闪入来。看

---

①赍(jī)发：资助。　②于路：沿路。　③迤逦(yǐ lǐ)：曲折连绵，这里是一路走去，绕来绕去的意思。　④过卖：堂倌，酒食店里招待顾客的伙计。　⑤汁水：羹汤之类。　⑥营前：指牢城营前面。牢城，收管发配囚犯的地方。　⑦恶(wù)了高太尉：触怒了高太尉。恶，冒犯、触怒。太尉，官名，宋徽宗时武官的高级官阶。高太尉：指高俅，他是殿帅府太尉。　⑧刺配：脸上刺字，发配到远地充军。刺，古时的肉刑，在罪犯额面或肌肤上刺字，用墨染上颜色。配，发往远地充军。　⑨管：看守。

时,前面那个人是军官打扮,后面这个走卒模样,跟着也来坐下。李小二入来问道:"可要吃酒?"只见那个人将出①一两银子与小二道:"且收放柜上,取三四瓶好酒来。客到时,果品酒馔②只顾将来,不必要问。"李小二道:"官人请甚客?"那人道:"烦你与我去营里请管营③、差拨④两个来说话。问时,你只说:'有个官人请说话,商议些事务,专等,专等。'"李小二应承了,来到牢城里,先请了差拨,同到管营家里,请了管营,都到酒店里。只见那个官人和管营、差拨两个讲了礼⑤。管营道:"素不相识,动问官人高姓大名。"那人道:"有书在此,少刻便知。且取酒来。"李小二连忙开了酒,一面铺下菜蔬果品酒馔。那人叫讨副劝盘⑥来,把了盏⑦,相让坐了。小二独自一个穿梭也似扶侍不暇。那跟来的人讨了汤桶⑧,自行烫酒。约计吃过十数杯,再讨了按酒铺放桌上。只见那人说道:"我自有伴当烫酒。不叫,你休来。我等自要说话。"

李小二应了,自来门首叫老婆道:"大姐,这两个人来得不尴尬⑨。"老婆道:"怎么的不尴尬?"小二道:"这两个人,语言声音是东京人,初时又不认得管营,向后我将按酒入去,只听得差拨口里呐⑩出一句'高太尉'三个字来。这人莫不与林教头身上有些干碍⑪?我自在门前理会。你且去阁子背后听说甚么。"老婆道:"你去营中寻林教头来,认他一认。"李小二道:"你不省得⑫,林教头是个性急的人,摸不着⑬便要杀人放火。倘或叫得他来看了,正是前日说的甚么陆虞候,他肯便罢?做出事来,须连累了我和你。你

---

①将出:拿出。　②馔(zhuàn):饭食。　③管营:看管牢城的官吏。　④差拨:管牢狱的公差。　⑤讲了礼:行了见面礼。　⑥劝盘:敬酒时放酒杯的托盘。　⑦把了盏:敬了酒。　⑧汤桶:热水桶。　⑨不尴尬:鬼鬼祟祟,不正派。也作"尴尬"或者"不尴不尬"。　⑩呐:同"讷",说话迟钝或口吃,这里的意思是小声说出。　⑪干碍:关涉,妨害。　⑫不省(xǐng)得:不明白。　⑬摸不着:料不定。

只去听一听,再理会。"老婆道:"说得是。"便入去听了一个时辰,出来说道:"他那三四个交头接耳说话,正不听得说甚么。只见那一个军官模样的人去伴当怀里取出一帕子物事①递与管营和差拨。帕子里面的莫不是金银?只听差拨口里说道:'都在我身上,好歹要结果了他性命。'……"正说之间,阁子里叫:"将汤来!"李小二急去里面换汤时,看见管营手里拿着一封书。小二换了汤,添些下饭。又吃了半个时辰,算还了酒钱。管营、差拨先去了。次后那两个低着头也去了。

  转背不多时,只见林冲走将入店里来,说道:"小二哥,连日好买卖。"李小二慌忙道:"恩人请坐,小人却待正要寻恩人,有些要紧话说。"林冲问道:"甚么要紧的事?"小二哥请林冲到里面坐下,说道:"却才有个东京来的尴尬人,在我这里请管营、差拨吃了半日酒。差拨口里呐出'高太尉'三个字来。小人心下疑惑。又着浑家听了一个时辰,他却交头接耳说话,说话都不听得。临了,只见差拨口里应道:'都在我两个身上,好歹要结果了他。'那两个把一包金银递与管营、差拨。又吃一回酒,各自散了。不知甚么样人。小人心疑,只怕在恩人身上有些妨碍。"林冲道:"那人生得甚么模样?"李小二道:"五短身材②,白净面皮,没甚髭须,约有三十余岁。那跟的也不长大,紫棠色③面皮。"林冲听了,大惊道:"这三十岁的正是陆虞候。那泼贱贼④敢来这里害我!休要撞着我,只叫他骨肉为泥!"李小二道:"只要提防他便了;岂不闻古人言:吃饭防噎,走路防跌?"

  林冲大怒,离了李小二家,先去街上买把解腕尖刀⑤,带在身

---

①物事:东西。　②五短身材:指身躯和四肢都短小。　③紫棠色:黑里带红的颜色。　④泼贱贼:歹毒无赖的奸贼。　⑤解腕尖刀:一种日常应用的小佩刀。

上。前街后巷一地里去寻。李小二夫妻两个捏着两把汗。当晚无事。林冲次日天明起来,洗漱罢,带了刀,又去沧州城里城外,小街夹巷,团团①寻了一日。牢城营里都没动静。又来对李小二道:"今日又无事。"小二道:"恩人,只愿如此。只是自放仔细便了。"林冲自回天王堂,过了一夜。街上寻了三五日,不见消耗②,林冲也自心下慢③了。

到第六日,只见管营叫唤林冲到点视厅④上,说道:"你来这里许多时,柴大官人面皮,不曾抬举得你⑤。此间东门外十五里有座大军草料场⑥,每月但是纳草纳料的,有些常例钱⑦取觅。原是一个老军看管;如今我抬举你,去替那老军来守天王堂。你在那里寻几贯盘缠⑧。你可和差拨便去那里交割⑨。"林冲应道:"小人便去。"当时离了营中,径到李小二家,对他夫妻两个说道:"今日管营拨我去大军草料场管事,却如何?"李小二道:"这个差使又好似⑩天王堂,那里收草料时,有些常例钱钞。往常不使钱⑪时,不能够得这差使。"林冲道:"却不害我,倒与我好差使,正不知何意?……"李小二道:"恩人,休要疑心。只要没事便好了。只是小人家离得远了,过几时,那工夫⑫来望恩人。"就在家里安排几杯酒,请林冲吃了。

话不絮烦,两个相别了。林冲自来天王堂,取了包裹,带了尖刀,拿了条花枪,与差拨一同辞了管营,两个取路投草料场来。正是

---

①团团:转来转去。 ②消耗:消息。 ③慢:这里是轻忽、松懈的意思。 ④点视厅:点验犯人的大厅。 ⑤柴大官人面皮,不曾抬举得你:(虽然有)柴大官人的面子,(却至今)没有抬举过你。柴大官人:指柴进。林冲到沧州前,在柴进庄上住过几天。临行时,柴进给沧州府尹和牢城管营、差拨带去书信,让他们照顾林冲。 ⑥大军草料场:存放军用草料的场子。北宋时,沧州靠近宋王朝的边界,驻扎军队,所以有草料场。 ⑦常例钱:例行的贿赂钱。 ⑧盘缠:这里指零用钱。 ⑨交割:办交代。 ⑩好似:胜过。 ⑪使钱:行贿。 ⑫那工夫:抽空儿。那:这里同"挪"。

严冬天气,彤云①密布,朔风渐起,却早纷纷扬扬卷下一天大雪来。林冲和差拨两个在路上,又没买酒吃处,早来到草料场外。看时,一周遭有些黄土墙,两扇大门,推开看里面时,七八间草屋做着仓廒②,四下里都是马草堆,中间两座草厅。到那厅里,只见那老军在里面向火③。差拨说道:"管营差这个林冲来,替你回天王堂看守。你可即便交割。"老军拿了钥匙,引着林冲,分付道:"仓廒内自有官司封记④。这几堆草,一堆堆都有数目。"老军都点见⑤了堆数,又引林冲到草厅上。老军收拾行李,临了说道:"火盆、锅子、碗、碟,都借与你。"林冲道:"天王堂内,我也有在那里。你要便拿了去。"老军指壁上挂一个大葫芦,说道:"你若买酒吃时,只出草场投东大路去,三二里便有市井⑥。"老军自和差拨回营里来。

只说林冲就床上放了包裹被卧⑦,就坐下生些焰火起来。屋后有一堆柴炭,拿几块来,生在地炉里。仰面看那草屋时,四下里崩坏了,又被朔风吹撼,摇振得动。林冲道:"这屋如何过得一冬?待雪晴了,去城中唤个泥水匠来修理。"向了一回火,觉得身上寒冷,寻思却才老军所说,二里路外有那市井,何不去沽些酒来吃?便去包裹里取些碎银子,把花枪挑了酒葫芦,将火炭盖了,取毡笠子戴上,拿了钥匙,出来,把草厅门拽上;出到大门首,把两扇草场门反拽上锁了;带了钥匙,信步投东,雪地里踏着碎琼乱玉⑧,迤逦背着北风而行。那雪正下得紧。

行不上半里多路,看见一所古庙,林冲顶礼⑨道:"神明庇佑⑩!改日来烧钱纸。"又行了一回,望见一簇人家。林冲住脚看

---

①彤云:阴云。　②仓廒(áo):这里指存放草料的仓库。　③向火:烤火。
④官司封记:官家的封条。官司,旧时对官吏和政府的泛称。　⑤点见:点清。
⑥市井:市镇。　⑦被卧:被褥。　⑧碎琼乱玉:指地上的雪。　⑨顶礼:佛家最敬重的礼节,即跪拜。　⑩庇佑:保佑。

第九单元

时，见篱笆中挑着一个草帚儿①在露天里。林冲径到店里。主人道："客人那里来？"林冲道："你认得这个葫芦么？"主人看了道："这葫芦是草料场老军的。"林冲道："原来如此。"店主道："既是草料场看守大哥，且请少坐；天气寒冷，且酌三杯，权当接风②。"店家切一盘熟牛肉，烫一壶热酒，请林冲吃。又自买了些牛肉，又吃了数杯。就又买了一葫芦酒，包了那两块牛肉，留下些碎银子，把花枪挑着酒葫芦，怀内揣了牛肉，叫声"相扰"，便出篱笆门，依旧迎着朔风回来。看那雪，到晚越下得紧了。

再说林冲踏着那瑞雪，迎着北风，飞也似奔到草场门口，开了锁，入内看时，只叫得苦。原来天理昭然，佑护善人义士，因这场大雪，救了林冲的性命：那两间草厅已被雪压倒了。林冲寻思："怎地好？"放下花枪、葫芦在雪里；恐怕火盆内有火炭延烧起来。搬开破壁子，探半身入去摸时，火盆内火种都被雪水浸灭了。林冲把手床上摸时，只拽得一条絮被。林冲钻将出来，见天色黑了，寻思："又没打火处，怎生安排？"想起离了这半里路上有个古庙，可以安身："我且去那里宿一夜，等到天明，却作理会"。把被卷了，花枪挑着酒葫芦，依旧把门拽上，锁了，望那庙里来。入得庙门，再把门掩上，旁边止有一块大石头，掇将过来靠了门。入的里面看时，殿上做着一尊金甲山神。两边一个判官，一个小鬼，侧边堆着一堆纸。团团看来，又没邻舍，又无庙主。林冲把枪和酒葫芦放在纸堆上，将那条絮被放开，先取下毡笠子，把身上雪都抖了，把上盖③白布衫脱将下来④，早有五分湿了，和毡笠放在供桌上。把被扯来盖了半截下身。却把葫芦冷酒提来，

---

①草帚儿：当酒旗用的草把。　②接风：设宴接待远方的来客。　③上盖：上身的外衣。　④脱将下来：脱下来。

慢慢地吃。就将怀中牛肉下酒。

正吃时,只听得外面必必剥剥地爆响。林冲跳起身来,就壁缝里看时,只见草料场里火起,刮刮杂杂烧着。当时林冲便拿了花枪,却待开门来救火,只听得外面有人说将话来。林冲就伏门边听时,是三个人脚步响,直奔庙里来;用手推门,却被林冲靠住了,再也推不开。三人在庙檐下立地①看火。数内一个道:"这条计好么?"一个应道:"端的②亏管营、差拨两位用心。回到京师,禀过太尉,都保你二位做大官。这番张教头没得推故了③!"一个道:"林冲今番直吃我们对付了④!高衙内这病必然好了!"又一个道:"张教头那厮,三回五次托人情去说:'你的女婿没了',张教头越不肯应承,因此衙内病患看看重了。太尉特使俺两个央浼⑤二位干这件事。不想而今完备了!"又一个道:"小人直爬入墙里去,四下草堆上点了十来个火把,待走那里去!"那一个道:"这早晚烧个八分过了。"又听一个道:"便逃得性命时,烧了大军草料场,也得个死罪。"又一个道:"我们回城里去罢。"一个道:"再看一看,拾得他一两块骨头回京,府里见太尉和衙内时,也道我们也能会干事。"

林冲听那三个人时,一个是差拨,一个是陆虞候,一个是富安。自思道:天可怜见⑥林冲!若不是倒了草厅,我准定被这厮们烧死了!轻轻把石头掇开,挺着花枪,左手拽开庙门,大喝一声:"泼贼那里去!"三个人急要走时,惊得呆了,正走不动。林冲举

---

①立地:站着。　②端的:果然。　③这番张教头没得推故了:这一回,张教头没有理由推托了。张教头,林冲的岳父。推故,指林冲充军以后,高衙内(高俅的干儿子。"衙内"是宋元时代对官家子弟的称呼)几次威逼林冲的妻子嫁他,张教头总推托说女婿会回来同女儿团聚。　④今番直吃我们对付了:这回可真被我们收拾了。　⑤央浼(měi):恳求,请托。　⑥可怜见:向人乞怜的词,就是"可怜"。

第九单元

手,胳察①的一枪,先搠②倒差拨。陆虞候叫声"饶命!"吓得慌了手脚,走不动。那富安走不到十来步,被林冲赶上,后心只一枪,又搠倒了。翻身回来,陆虞候却才行得三四步。林冲喝声道:"奸贼!你待那里去!"劈胸只一提,丢翻在雪地上,把枪搠在地里,用脚踏住胸脯,身边取出那口刀来,便去陆谦脸上搁着,喝道:"泼贼!我自来又和你无甚么冤仇,你如何这等害我!正是'杀人可恕,情理难容'!"陆虞候告道:"不干小人事;太尉差遣,不敢不来。"林冲骂道:"奸贼,我与你自幼相交,今日倒来害我,怎不干你事!且吃我一刀。"把陆谦上身衣服扯开,把尖刀向心窝里只一剜③……入庙里来……穿了白布衫,系了搭膊④,把毡笠子带上,将葫芦里冷酒都吃尽了,被与葫芦都丢了不要,提了枪,便出庙门投东去。

霍小玉传⑤

蒋 防

题 解

小说在宋以前已经单行,后收入《太平广记》,选入《唐宋传奇集》和《唐人小说》。

小说叙述的是霍小玉与李益恋爱,后被李益抛弃、终致惨死

---

①胳察:拟声词,形容枪扎下去的声音。 ②搠(shuò):扎,刺。 ③剜(wān):挖。 ④搭膊:一种布制的长带,中间有个袋,可以束在腰间。也称"搭包"。 ⑤选自《唐宋传奇选》。作者蒋防(约792—835),唐代文学家,字子徵(一作子微),又字如城,唐义兴(宜兴古名)人。能诗善文,有文集1卷,赋集1卷,《全唐诗》录存其诗12首,《全唐文》收录其赋20篇及杂文6篇。其传奇《霍小玉传》尤为著名。

的悲剧故事。李益在授郑县主簿临就任时和霍小玉坚定婚约,但他后来攀附高门,和小玉断绝音信,即使近在咫尺,也避而不见。作者对封建制度重视门阀的不合理现象作了谴责,对成为门阀制度下的牺牲品的妇女表达出深切的同情。作者构造的小玉死后的情节、李益的结局寄托了作者同情弱者、爱憎分明的情感。

大历①中,陇西李生名益②,年二十,以进士擢第。其明年,拔萃③,俟试于天官。夏六月,至长安,舍于新昌里。生门族清华④,少有才思,丽词嘉句,时谓无双,先达丈人⑤,翕然⑥推伏。每自矜风调⑦,思得佳偶,博求名妓,久而未谐⑧。长安有媒鲍十一娘者,故薛驸马家青衣⑨也,折券从良⑩,十余年矣。性便辟⑪,巧言语,豪家戚里,无不经过,追风挟策,推为渠帅⑫。常受生诚托厚赂,意颇德之⑬。

经数月,李方闲居舍之南亭。申未⑭间,忽闻叩门甚急,云是鲍十一娘至。摄衣从之⑮,迎问曰:"鲍卿今日何故忽然而来?"鲍

---

①大历:唐代宗李豫的年号(766—779)。　②李生名益:李益(约749—约827),字君虞,陇西姑臧(今甘肃武威市)人。曾中进士,长于诗歌,与李贺齐名。他年轻时多猜忌,对妻妾防范很严,当时传说他有"妒病"。这篇小说据说是根据有关的传闻写成的。　③拔萃:唐代科举及第后,算是取得了做官的资格,但还要经过一定的期限才可以选任为官。如果要马上得官,可以参加另一种考试。这种考试,如果试文三篇,叫"宏词";如果撰拟判词三条,叫做"拔萃"。这种考试是由吏部主持的,所以下文说"俟试于天官"(天官:吏部的别称)。　④族清华:出身高贵的意思。　⑤先达丈人:有地位、有声望的前辈。　⑥翕(xī)然:一致的样子。　⑦自矜风调:自以为有才貌、风流自赏。　⑧谐:成功的意思。　⑨青衣:婢女。古时青衣是卑贱者的服装,故称婢女为"青衣"。　⑩折券从良:意思是赎身获得自由,嫁人为妻,不再做人家的奴隶了。券,指卖身契一类的文书。　⑪便(pián)辟:机灵,能说会道。　⑫追风挟策,推为渠帅:意思是凡是想追求女人的,她都可以代为设法,因此大家推她做一个头儿。追风,指追求女人的行为。挟策,有主意,有办法。渠帅,盗贼的首领。　⑬德之:感激他。　⑭申未:午后一时至五时。　⑮摄衣从之:撩着衣襟跑出来,形容急速的样子。

第九单元

笑曰:"苏姑子①作好梦也未?有一仙人,谪在下界,不邀②财货,但慕风流。如此色目③,共十郎相当矣。"生闻之惊跃,神飞体轻,引鲍手且拜且谢曰:"一生作奴,死亦不惮④。"因问其名居,鲍具说曰:"故霍王⑤小女,字小玉,王甚爱之。母曰净持。净持即王之宠婢也。王之初薨,诸弟兄以其出自贱庶,不甚收录,因分与资财,遣居于外。易姓为郑氏,人亦不知其王女。资质秾艳,一生未见;高情逸态,事事过人;音乐诗书,无不通解。昨遣某求一好儿郎格调⑥相称者。某具说十郎。他亦知有李十郎名字,非常欢惬。住在胜业坊古寺曲⑦,甫上车门宅⑧是也。已与他作期约,明日午时,但至曲头觅桂子⑨,即得矣。"

鲍既去,生便备行计。遂令家童秋鸿,于从兄⑩京兆参军尚公处假青骊驹,黄金勒。其夕,生浣衣沐浴,修饰容仪,喜跃交并,通夕不寐。迟明⑪,巾帻⑫,引镜自照,惟惧不谐也。徘徊之间,至于亭午⑬。遂命驾疾驱,直抵胜业。至约之所,果见青衣立候,迎问曰:"莫是李十郎否?"即下马,令牵入屋底,急急锁门。见鲍果从内出来,遥笑曰:"何等儿郎造次⑭入此?"生调诮⑮未毕,引入中门。庭间有四樱桃树,西北悬一鹦鹉笼,见生入来,即语曰:"有人入来,急下帘者!"生本性雅淡,心犹疑惧,忽见鸟语,愕然不敢进。逡巡⑯,鲍引净持下阶相迎,延⑰入对坐。年可四十

---

①苏姑子:"书罐子"的音变,当时对书生的谑称。　②不邀:不贪求。　③如此色目,这等样人。色目:角色、人才的意思。　④一生作奴,死亦不惮:终身服侍她,就是死也心甘情愿。不惮,不害怕。　⑤霍王:唐高祖的儿子李轨封为霍王,这里指他的后代。　⑥格调:这里指才貌。　⑦曲:唐代指京城坊里的小街巷。　⑧甫上车门宅:巷头上车门旁的宅院。　⑨桂子:霍小玉的婢女。　⑩从兄:堂兄。　⑪迟明:黎明。　⑫巾帻:戴上头巾。巾,这里用做动词。　⑬亭午:正午。　⑭造次:冒昧,随便。　⑮调诮:打趣,说俏皮话。　⑯逡巡:迟疑不决的样子。　⑰延:引进,迎接。

余，绰约①多姿，谈笑甚媚。因谓生曰："素闻十郎才调风流，今又见仪容雅秀，名下固无虚士②。某有一女子，虽拙教训③，颜色不至丑陋，得配君子，颇为相宜。频见鲍十一娘说意旨，今亦便令永奉箕帚④。"生谢曰："鄙拙庸愚，不意顾盼⑤，倘垂采录，生死为荣。"遂命酒馔，即令小玉自堂东阁子⑥中而出，生即拜迎。但觉一室之中，若琼林玉树，互相照曜，转盼精彩射人。既而遂坐母侧。母谓曰："汝尝爱念'开帘风动竹，疑是故人来⑦'，即此十郎诗也。尔终日念想，何如一见。"玉乃低鬟微笑，细语曰："'见面不如闻名⑧'，才子岂能无貌？"生遂连起拜曰："小娘子爱才，鄙夫重色，两好相映，才貌相兼。"母女相顾而笑，遂举酒数巡⑨。生起，请玉唱歌。初不肯，母固强之。发声清亮，曲度精奇。酒阑⑩，及暝，鲍引生就西院憩息。闲庭邃宇，帘幕甚华。鲍令侍儿桂子、浣沙，与生脱靴解带。须臾玉至，言叙温和，辞气宛媚。解罗衣之际，态有余妍⑪，低帏昵枕，极其欢爱。生自以为巫山洛浦⑫不过也。

中宵⑬之夜，玉忽流涕观生曰："妾本倡家，自知非匹。今以色爱，托其仁贤⑭。但虑一旦色衰，恩移情替⑮，使女萝⑯无托，

---

①绰约：风姿柔美的样子。　②名下固无虚士：名不虚传，名副其实的意思。　③拙教训：教育得不好的意思。　④奉箕帚：做洒扫一类的事情，是做妻子的谦词。　⑤不意顾盼：没有想到承蒙看得中。　⑥阁子：小门。阁，同"阁"，也作小楼解。　⑦开帘风动竹，疑是故人来：这是李益《竹窗闻风早发寄司空曙》诗中的诗句。　⑧见面不如闻名：此句似应为"闻名不如见面"。　⑨数巡：几遍。　⑩酒阑：酒宴将要结束。　⑪余妍：美艳至极。余，饶足。　⑫巫山洛浦：巫山是指战国楚襄王的故事，宋玉的《高唐赋》序里说，楚襄王和他游云梦，他告诉襄王，先王（楚怀王）曾遇到巫山神女欢会，朝为行云，暮为行雨，朝朝暮暮，阳台之下。洛浦是指洛神的故事，三国时曹植作《洛神赋》，描写在洛水边上他遇到了美丽的洛神来叙情。　⑬中宵：半夜。　⑭仁贤：对李益的尊称。　⑮替：衰退。　⑯女萝：松萝，一种蔓生植物，多攀附在别的树上生长。比喻女子对丈夫的依附。

第九单元

秋扇见捐①。极欢之际,不觉悲至。"生闻之,不胜感叹。乃引臂替枕,徐谓玉曰:"平生志愿,今日获从。粉骨碎身,誓不相舍。夫人何发此言?请以素缣,著之盟约。"玉因收泪,命侍儿樱桃,褰幄②执烛,授生笔研③。玉管弦之暇,雅④好诗书,箧箱笔研,皆王家之旧物。遂取绣囊,出越姬⑤乌丝栏⑥素缣三尺以授生。生素多才思,援笔成章,引谕山河,指诚日月⑦,句句恳切,闻之动人。染毕⑧,命藏于宝箧之内。自尔婉娈相得,若翡翠之在云路也⑨。如此二岁,日夜相从。

其后年春,生以书判拔萃登科,授郑县⑩主簿⑪。至四月,将之官,便拜庆于东洛⑫。长安亲戚,多就筵饯。时春物尚余,夏景初丽,酒阑宾散,离思萦怀。玉谓生曰:"以君才地名声,人多景慕,愿结婚媾,固亦众矣。况堂有严亲,室无冢妇⑬,君之此去,必就佳姻。盟约之言,徒虚语耳。然妾有短愿⑭,欲辄指陈。永委君心⑮,复能听否?"生惊怪曰:"有何罪过⑯,忽发此辞?试说所言,必当敬奉。"玉曰:"妾年始十八,君才二十有二,迨君壮室之秋⑰,犹有八岁。一生欢爱,愿毕此期。然后妙选高门⑱,以谐

---

①秋扇见捐:扇子到了秋天,就没有用了。 ②褰幄:揭起帷帐。 ③研:通"砚"。 ④雅:素来。 ⑤越姬:越地妇女。 ⑥乌丝栏:一种织有或画有黑色竖格的绢质卷轴或纸卷。 ⑦引谕山河,指诚日月:引山河来比喻恩情的深厚,指着日月发誓,表明相爱的诚挚。 ⑧染毕:写完。 ⑨自尔婉娈相得,若翡翠之在云路也:意思是从此以后,彼此恩爱称心,如同翠鸟高飞云端一样。婉娈,亲热、恩爱的意思。云路,云端。 ⑩郑县:今河南郑州市。 ⑪主簿:管理文书簿册的官员。 ⑫便拜庆于东洛:就回到洛阳看望父母。拜庆,"拜家庆"的简称。回家探望父母。东洛,指东都洛阳。 ⑬冢妇:主妇,正妻。 ⑭短愿:小小的愿望。 ⑮永委君心:永远放在您心上。 ⑯有何罪过:有什么得罪你的地方。 ⑰壮室之秋:娶妻的适当年龄,指三十岁时。古有"三十而娶"的说法。 ⑱妙选高门:很好地选配高贵门第的亲事。妙选,很好地选择。

秦晋①,亦未为晚。妾便舍弃人事,剪发披缁②,夙昔之愿,于此足矣。"生且愧且感,不觉涕流。因谓玉曰:"皎日之誓③,死生以之④。与卿偕老,犹恐未惬素志⑤,岂敢辄有二三⑥?固请不疑,但端居相待。至八月,必当却到⑦华州⑧,寻使奉迎,相见非远。"更数日,生遂诀别东去。

到任旬日,求假往东都觐亲⑨。未至家日,太夫人已与商量表妹卢氏,言约已定。太夫人素严毅,生逡巡不敢辞让,遂就礼谢,便有近期⑩。卢亦甲族⑪也,嫁女于他门,聘财必以百万为约,不满此数,义在不行。生家素贫,事须求贷,便托假故,远投亲知,涉历江淮,自秋及夏。生自以孤负⑫盟约,大愆⑬回期,寂不知闻,欲断其望,遥托亲故,不遗漏言⑭。

玉自生逾期,数访音信。虚词诡说,日日不同。博求师巫,遍询卜筮⑮。怀忧抱恨,周岁有余。羸⑯卧空闺,遂成沉疾⑰。虽生之书题⑱竟绝,而玉之想望不移。赂遗亲知,使通消息,寻求既切,资用屡空。往往私令侍婢潜卖箧中服玩之物,多托于西市寄附铺⑲侯景先家货⑳卖。曾令侍婢浣沙将紫玉钗一只,诣景先家货之。路逢内作㉑老玉工,见浣沙所执,前来认之曰:"此钗,吾所

---

①谐秦晋:结婚的意思。谐,和合。秦晋,春秋时,秦晋两国交好,彼此世世约为婚姻,后世就称缔结婚约为"秦晋之好"。 ②剪发披缁:即出家当尼姑。缁,缁衣,僧尼所穿的黑色僧服。 ③皎日之誓:指着太阳发的誓。皎日,白日。 ④死生以之:死活都这样,死活都不变心。 ⑤未惬素志:不能满足向来的心愿。 ⑥二三:三心二意。 ⑦却到:再回到。 ⑧华州:今陕西华县。 ⑨觐(jìn)亲:探望父母。 ⑩遂就礼谢,便有近期:于是到卢家去谢婚,并且商定了在短期内举行婚礼。 ⑪甲族:世家大族。 ⑫孤负:违背,背弃。 ⑬愆(qiān):错过,延误。 ⑭漏言:泄漏真实情况。 ⑮卜筮(shì):古人卜卦问吉凶有两种方法,用龟壳占卜叫卜,用蓍草占卜叫做筮。 ⑯羸:瘦弱。 ⑰沉疾:沉重的疾病。 ⑱书题:指书信。 ⑲寄附铺:也称"柜房",唐时多设在西市,是一种带人保管或出售珍贵物品的商行。 ⑳货:卖。 ㉑内作:皇家的工匠。

第九单元

作也。昔岁霍王小女将欲上鬟①,令我作此,酬我万钱,我尝不忘。汝是何人,从何而得?"浣沙曰:"我小娘子即霍王女也。家事破散,失身于人。夫婿昨向东都,更无消息。悒怏成疾,今欲二年。令我卖此,赂遗于人,使求音信。"玉工凄然下泣曰:"贵人男女,失机落节②,一③至于此。我残年向尽,见此盛衰,不胜伤感。"遂引至延光公主④宅,具言前事,公主亦为之悲叹良久,给钱十二万焉。

时生所定卢氏女在长安,生即毕于聘财,还归郑县。其年腊月,又请假入城就亲。潜卜⑤静居,不令人知。有明经⑥崔允明者,生之中表弟也。性甚长厚,昔岁常与生同欢于郑氏之室,杯盘笑语,曾不相间。每得生信,必诚告于玉。玉常以薪刍⑦衣服,资给于崔,崔颇感之。生既至,崔具以诚⑧告玉。玉恨叹曰:"天下岂有是事乎!"遍请亲朋,多方召致。生自以愆期负约,又知玉疾候沉绵⑨,惭耻忍割⑩,终不肯往。晨出暮归,欲以回避。玉日夜涕泣,都忘寝食,期一相见,竟无因由⑪。冤愤益深,委顿⑫床枕。自是长安中稍有知者,风流之士,共感玉之多情;豪侠之伦,皆怒生之薄行。

时已三月,人多春游。生与同辈五六人诣崇敬寺⑬玩牡丹花,步于西廊,递吟诗句。有京兆韦夏卿者,生之密友,时亦同行。谓生曰:"风光甚丽,草木荣华。伤哉郑卿,衔冤空室!足下终能

---

①上鬟:古时女子十五及笄,要举行一个仪式,把披散的头发梳上去,可以插簪子,表示已经成人待嫁了,称为"上鬟"。 ②失机落节:倒霉,落魄。 ③一:乃,竟。 ④延光公主:就是郜国公主,唐肃宗的女儿。 ⑤卜:挑选,寻找。 ⑥明经:唐代考选制度,曾经分为秀才、明经、进士等科。由考察经义取中的为"明经"。 ⑦薪刍:柴草,泛指生活用品。 ⑧诚:真实情况。 ⑨疾候沉绵:病得很沉重。 ⑩惭耻忍割:又惭愧又羞耻,只能忍痛割舍。 ⑪因由:机会。 ⑫委顿:无力支撑身体的样子。 ⑬崇敬寺:唐代长安中区靖安坊的一座庙宇。

弃置，实是忍人①。丈夫之心，不宜如此，足下宜为思之！"叹让②之际，忽有一豪士，衣轻黄纻③衫，挟弓弹，丰神隽美，衣服轻华，唯有一剪头胡雏④从后，潜行而听之。俄而前揖生曰："公非李十郎者乎？某族本山东，姻连外戚⑤，虽乏文藻，心尝乐贤⑥。仰公声华，常思觏止⑦。今日幸会，得睹清扬⑧。某之敝居，去此不远，亦有声乐，足以娱情。妖姬⑨八九人，骏马十数匹，唯公所欲。但愿一过。"生之侪辈，共聆斯语，更相叹美。因与豪士策马同行，疾转数坊，遂至胜业。生以近郑之所止，意不欲过，便托事故，欲回马首。豪士曰："敝居咫尺，忍相弃乎？"乃挽⑩挟其马，牵引而行。迁延⑪之间，已及郑曲。生神情恍惚，鞭马欲回。豪士遽命奴仆数人，抱持而进。疾走推入车门，便令锁却。报云："李十郎至也！"一家惊喜，声闻于外。

先此一夕，玉梦黄衫丈夫抱生来，至席，使玉脱鞋。惊寤而告母，因自解曰："'鞋'者，谐也，夫妇再合。'脱'者，解也。既合而解，亦当永诀。由此征⑫之，必遂相见，相见之后，当死矣。"凌晨，请母梳妆。母以其久病，心意惑乱，不甚信之。黾勉⑬之间，强为妆梳。妆梳才必，而生果至。

玉沈绵日久，转侧须人⑭。忽闻生来，欻然自起，更衣而出，恍若有神。遂与生相见，含怒凝视，不复有言。羸质娇姿，如不胜致⑮。时复掩袂，返顾李生。感物伤人，坐皆欷歔⑯。顷之，有

---

①忍人：狠心的人。　②让：责备。　③纻(zhù)：苎麻纤维织的布。
④胡雏：卖身为奴的幼年胡人。　⑤姻连外戚：和外地的人结为亲戚。　⑥乐贤：喜欢与贤人交往。　⑦觏(gòu)止：遇见，相会。止，语助词。　⑧清扬：本指人眉清目秀的样子，引申为对人的褒扬之辞，犹如说"尊容"。　⑨妖姬：美丽的女子。
⑩挽：同"挽"。　⑪迁延：拖延。　⑫征：证明，征验。　⑬黾(mǐn)勉：勉强。
⑭转侧须人：转侧身体都需要别人帮助才行。　⑮如不胜致：就好像禁不住的样子。致，意态、神态。　⑯欷歔：哽咽，叹气。

酒肴数十盘,自外而来。一坐惊视,遽问其故,悉是豪士之所致也。因遂陈设,相就而坐。玉乃侧身转面,斜视生良久,遂举杯酒酬地①曰:"我为女子,薄命如斯;君是丈夫,负心若此。韶颜稚齿,饮恨而终。慈母在堂,不能供养。绮罗弦管,从此永休。征痛黄泉②,皆君所致。李君李君,今当永诀!我死之后,必为厉鬼,使君妻妾,终日不安!"乃引左手握生臂,掷杯于地,长恸号哭数声而绝。母乃举尸,寘③于生怀,令唤之,遂不复苏矣。生为之缟素,旦夕哭泣甚哀。将葬之夕,生忽见玉繐帷④之中,容貌妍丽,宛若平生。着石榴裙⑤,紫裓裆⑥,红绿帔子⑦,斜身倚帷,手引绣带,顾谓生曰:"愧君相送,尚有余情。幽冥之中,能不感叹?"言毕,遂不复见。明日,葬于长安御宿原⑧,生至墓所,尽哀而返。

后月余,就礼于卢氏。伤情感物,郁郁不乐。夏五月,与卢氏偕行,归于郑县。至县旬日,生方与卢氏寝,忽帐外叱叱作声。生惊视之,则见一男子,年可二十余,姿状温美,藏身暎⑨幔,连招卢氏。生惶遽走起,绕幔数匝,倏然不见。生自此心怀疑恶,猜忌万端,夫妻之间,无聊生⑩矣。或有亲情,曲相劝喻。生意稍解。后旬日,生复自外归,卢氏方鼓琴于床,忽见自门抛一斑犀钿花合子⑪,方圆一寸余,中有轻绢,作同心结,坠于卢氏怀中。生开而

---

①酬地:浇酒在地。 ②征痛黄泉:造成死亡的痛苦。征,招致。 ③寘(zhì):安置,安放。 ④繐(suì)帷:灵帐。 ⑤石榴裙:红裙。 ⑥裓(kè)裆:唐时妇女穿的一种外袍。 ⑦红绿帔(pèi)子:唐时妇女披于肩背的一种纱巾,多为薄质纱罗所制。长的叫披帛,短的叫帔子。 ⑧御宿原:在长安城南,是古时埋葬死者的地方。 ⑨暎:通"映",遮蔽。 ⑩无聊生:毫无生趣的样子。 ⑪斑犀钿花合子:杂色犀牛角雕刻成的、嵌有金花的盒子。

视之，见相思子①二、叩头虫一、发杀鬌②一、驴驹媚③少许。生当时愤怒叫吼，声如豹虎，引琴撞击其妻，诘令实告。卢氏亦终不自明。尔后往往暴加捶楚④，备诸毒虐，竟讼于公庭而遣⑤之。

卢氏既出⑥，生或侍婢媵妾之属，暂同枕席，便加妒忌，或有因而杀之者。生尝游广陵，得名姬曰营十一娘者，容态润媚，生甚悦之。每相对坐，尝谓营曰："我尝于某处得某姬，犯某事，我以某法杀之。"日日陈说，欲令惧己，以肃清闺门。出则以浴斛⑦覆营⑧于床，周回⑨封署，归必详视，然后乃开。又畜一短剑，甚利，顾谓侍婢曰："此信州葛溪铁⑩，唯断作罪过头！"大凡生所见妇人，辄加猜忌，至于三娶，率⑪皆加初焉。

雨 钱⑫

蒲松龄

题 解

小说叙述从狐仙与秀才"评驳今古"，秀才"密祈"求钱，狐仙作法，钱如骤雨没及踝骨到化为乌有，狐仙拂衣而去，虽篇幅短小，但情节却曲折而有变化，表现秀才贪图轻取钱财，自取

---

①相思子：就是红豆。　②发杀鬌(zī)：可能是一种媚药。　③驴驹媚：《物类相感志》云："凡驴驹初生，未堕地，口中有一物，如肉，名'媚'，妇人带之能媚。"
④捶楚：鞭打。楚，荆条。　⑤遣：把妻子休掉。　⑥出：被丈夫休掉。
⑦浴斛：澡盆之类。　⑧营：环绕，围绕。　⑨周回：周围。　⑩信州葛溪铁：信州，约辖江西贵溪以东，怀玉山以南地区，州治在今上饶市。上饶葛溪铁精而工细。
⑪率：一律。　⑫选自《聊斋志异》（人民文学出版社1989年版）。雨(yù)：下雨，落下。作者蒲松龄（1640—1715），字留仙，一字剑臣，号柳泉，淄川（今山东淄博市）人。早岁即有文名，但屡应省试不中。毕业在家乡教私塾，生活贫困，同情人民疾苦。以二十年左右时间写成《聊斋志异》，另有《诗集》、《醒世姻缘传》等。

第九单元

其辱的可悲可笑，读来引人入胜。

滨州①一秀才，读书斋中。有款②门者，启③视，则皤然④一翁。形貌甚古⑤。延⑥之入，请问姓氏。翁自言："养真，姓胡，实乃狐仙。幕君高雅，愿共晨夕⑦。"秀才故⑧旷达，亦不为怪。遂与评驳今古。翁殊博洽⑨。镂花雕缋⑩，粲于牙齿⑪；时抽经义⑫，则名理湛深⑬，尤觉非意所及。秀才惊服，留之甚久。一日，密祈⑭翁曰："君爱我良厚。顾我贫若此，君但一举手，金钱宜可立致。何不小周给⑮？"翁默然，似不以为可。少间，笑曰："此大易事。但须得十数钱作母⑯。"生如其请。翁乃与共入密室中，禹步⑰作咒。俄顷，钱有数百万，从梁间锵锵而下，势如骤雨，转瞬没膝；拔足而立，又没踝。广丈之舍⑱，约深三四尺余。乃顾语秀才："颇厌⑲君意否？"曰："足矣。"翁一挥，钱却画然⑳而止。乃相与扃户㉑出。秀才窃喜㉒，自谓暴富。顷之，入室取用，则满室阿堵物皆为乌有，惟母钱十余枚寥寥尚在。秀才失望，盛气向翁，颇怼㉓其诳㉔。翁怒曰："我本与君文字交，不谋与君作贼！便如秀才意，只合寻梁上君㉕交好得，老夫不能承命㉖！"遂拂衣去。

---

①滨州：州名，治所在今山东省滨州市。　②款：敲。　③启：开门。　④皤(pó)然：须发皆白的样子。皤，白。　⑤古：古雅。　⑥延：请。　⑦共晨夕：指朝夕过往。　⑧故：本来。　⑨博洽：知识广博。　⑩镂花雕缋(huì)：镂刻花纹，彩饰锦绣；比喻善于词藻。缋，同"绘"。　⑪粲于牙齿：意思是谈吐文雅。粲，美好。　⑫抽经义：阐发儒家经书的义理。抽，引申，发挥。　⑬名理湛深：辩名究理极为深奥。湛深，深奥。　⑭祈：求。　⑮周给：周济，施舍。　⑯作母：作本钱。　⑰禹步：跛行，旧时巫师、道士作法时的步法。　⑱广丈之舍：一丈来宽的屋子。　⑲厌：满足。厌通"餍"。　⑳画然：突然。　㉑扃(jiōng)户：关门。扃，关。户，门。　㉒窃喜：暗自高兴。　㉓怼(duì)：怨恨。　㉔诳(kuáng)：欺骗。　㉕梁上君：梁上君子，即小偷。　㉖承命：遵命。

《国学经典读本》（全十二册）内容一览表

册次\单元	第一单元	第二单元	第三单元	第四单元	第五单元	第六单元	第七单元	第八单元	第九单元	附录
一册	《弟子规》	诸子名言（志向信念）	《孝经》	短文选粹24则	《增广贤文》	《世说新语》	古诗选粹51首	文苑菁华26篇	小说精选3篇	
二册	《三字经》	诸子名言（修身养德）89则	《幼学琼林》（上）	古代家训	短文选粹20则	诗吟春景（上）50首	文苑菁华19篇	小说精选3篇		《对联写作》《历代名趣联》（60副）
三册	《论语》选读（上）	声律启蒙	诸子名言（读书学习）69则	《幼学琼林》（下）	短文选粹18则	诗吟春景（下）50首	神话与传说（上）16则	文苑菁华21篇	小说精选3篇	《近体诗写作》
四册	《论语》选读（中）	笠翁对韵	诸子名言（健康和谐）63则	诗吟夏景49首	《忠经》	神话与传说（下）6则	文苑菁华26篇	小说精选3篇		
五册	《论语》选读（下）	诸子名言（综合修养）65则	《格言联璧》选读	诗吟秋景49首	词曲选粹16首	《史记》选读（上）	文苑菁华22篇	小说精选3篇		
六册	《大学》（节选）	寓言选粹9则		古代家书选16篇	诗吟冬景50首	词曲选粹16首	《史记》选读（下）	文苑菁华21篇	小说精选3篇	
七册	《孟子》选读（上）	《诗经》选读（上）	《左传》选读（上）	《战国策》选读（上）	古诗选粹51首	唐五代及敦煌曲子词选粹25首	元曲选粹23首	文苑菁华23篇	小说精选3篇	
八册	《孟子》选读（下）	《诗经》选读（下）	《左传》选读（下）	《战国策》选读（下）	古诗选粹50首	宋词选粹（上）40首	元曲选粹25首	文苑菁华22篇	小说精选3篇	《词的写作》
九册	《中庸》（节选）	《楚辞》选读（上）	《国语》选读	《智囊》选读	古诗选粹49首	宋词选粹（中）39首	元曲选粹31首	文苑菁华27篇（其中书论18则）	小说精选3篇	《常用词牌》60个
十册		《楚辞》选读（下）	《菜根谭》选读	古诗选粹50首	金元明词选粹40首	宋词选粹（下）40首	元曲选粹17	文苑菁华25篇（其中画论3则）	小说精选3篇	《读曲常识》《常用曲谱》
十一册	《道德经》（节选）	《忍经》选读	古诗选粹49首	杂剧选粹（上）3折	《资治通鉴》选读		文苑菁华22篇（其中乐论7则）	小说精选3篇		
十二册	《孙子兵法》选读	《文心雕龙》选读	古诗选粹50首	清词选粹40首	杂剧选粹（下）5折	曾国藩家书选	辞赋精粹22篇	小说精选3篇		

后 记

后　记

在棠湖中学外语实验学校开办之时，校长黄光成就打算在全校开设国学课，并决定编一套国学读本。他明确指出：从起点编起，由浅入深，最大限度地将传统文化的精华纳入其中。他还说：要培养青少年学生的远大理想和优秀的道德观念，要养成他们良好的行为习惯，离不开对优秀传统文化的继承和发扬。同时，他还要求所编读本，不但要适合于学生，还要尽可能适合于广大国学爱好者。这席话把读本的编写目的和标准说得十分清楚了。在学校各部门的支持和协助下，经过一段时间的准备，我们用了一年多的时间，终于编成了这套《国学经典读本》（全十二册）。

在编辑中，我们从上自先秦，下至清末的浩如烟海的典籍中，广泛地查阅，反复地比较，精心地挑选，最后选出诗610首，词252首、曲102首、元杂剧8折、文选274篇、小说36篇，其他启蒙读物7种，各种经典16种，历史文选42篇，书画乐论28则，短文82则，诸子百家名言446条。此外，还编入文艺论述、神话与传说、寓言、家书家训、写作知识等，可算是洋洋大观了。本着循序渐进、内外兼修的原则，我们做了较为合理的安排。俗话说"读了《增广》会说话"，故将《增广贤文》编在第一册，将82则短文、近五百句诸子百家名言，放在1—6册。辞赋是中

后　记

华民族文化的优秀传统,是韵文中的极品,其作者必"学贵乎博,才贵乎通,笔贵乎灵,词贵乎粹"才能写好,它有很高的欣赏价值,故编入第12册,以收压轴之效。国家图书馆荣誉馆长任继愈先生说得好:"奠定一个人的人生观、世界观,不是在大学学了哲学或政治课开始的,而是在中学时代,从十二三岁时随着身体的发育、知识的积累、意志的培养平行前进,同步开展的。"所以,我们将《弟子规》、《孝经》等放在第一册。第二册是《三字经》、《治家格言》和《颜氏家训》。第三册开始学《论语》,第五册是《忠经》等。我们还特地选了《智囊》与《忍经》,放在靠后一些的书册中。我们认为每个炎黄子孙,具备了中华民族的传统美德,有了超人的智慧,再加上忍的精神,就一定能成为名副其实的现代"君子"。

在本书编辑中,我们着重把握以下五条原则:

一、体系的完整性。中华传统文化是儒学、道学和中国化佛学既独立发展又相互促进、有机融合的统一。读本以儒学为主体,也选入道学著作如《道德经》等和佛学代表作如《般若波罗蜜多心经》和禅诗等,尽可能体现国学思想体系的完整。

二、知识的全面性。读本既选入《弟子规》、《三字经》、《增广贤文》、《幼学琼林》等启蒙作品,又选入四书五经、诸子百家等经典著作,还有名言、古文、诗、词、曲、小说等。特别是诗中我们选入远古的第一首诗——《弹歌》,还有回文诗词以及唐代中日交往诗等。文选方面更照顾了各方面的内容,如选进碑记铭文、祭奠文章以及"书论"、"画论"和"乐论"等。

三、内容的关联性。为了便于知识的相互印证和参照,在文选中,同一作者所写的同一题材放在一起,如诸葛亮的前后《出师表》,苏轼的前后《赤壁赋》。在诗的选录中,不同作者所吟咏

后　记

的同一对象的诗编在一起，如写项羽的，有杜牧的《题乌江亭》、王安石的《乌江亭》和李清照的《绝句》；写雕刻的，如魏学洢的《核舟记》、宋起凤的《核工记》；观点不同的，如陈子昂的《复仇议状》、柳宗元的《驳复仇议》；内容有关联的，如王勃《滕王阁序》中有"窜梁鸿于海曲，岂乏明时"一句，是因梁鸿写了一首《五噫歌》，汉武帝看到后很生气，于是下令抓他，梁鸿只好四处躲藏，故将它们编在同一册；同名篇目，如《醉乡记》，唐代王绩与清代戴名世都写了文章，也放在一起便于参阅。其他反映相同或相关历史事件的，也尽量编在一起。

　　四、难度的渐进性。内容按循序渐进、由浅入深、从易到难的顺序编排。把比较浅显的启蒙读物、名言、短文放在前几册，把比较深的古文、诗词放在后几册。辞赋是对作者学养要求很高的一种文体，故将22篇名赋编入最后一册。

　　五、运用的方便性。学习的目的全在于运用，创造是最好的传承。读了《声律启蒙》和《笠翁对韵》，应当学会写对联，于是编入《对联写作》和《历代名趣联》60副；学了格律诗，应当学会写诗，于是编入《近体诗写作》；学了词就要学会填词，于是编入《词的写作》和《常用词谱》60个；读了曲，至少应当学会鉴赏，于是编入《读曲常识》和《常用曲谱》。以上都是为学生和读者实践运用提供方便。

　　在编辑中，年逾八旬的重庆师范大学董味甘教授不但悉心指导，而且还为本书写了前言，原四川省彭水县文教局王世鑫老局长对编辑本书寄予了殷切希望，并多次鼓励，在此深表感谢。学校党支部副书记付全中，校长助理王天贵、姚平、闫守智，党政办主任杜宗平，附小副校长苏萍等从各方面对编辑本书给予全力支持。特别要提的是杜宗平主任对读本的编写提纲提出了宝贵的

后　记

意见。为了最大限度减少读本的错漏，教导主任刘勇、周永孝还挑选了13位老师对读本进行了认真的校阅（校阅本册的是刘剑英、何璋老师）。

由于编者的水平有限，加之用时较短，这套读本的错误和遗漏在所难免，恳请读者体谅。但我们坚信，每个同学和国学爱好者在阅读这套读本时，定会进入博大精深的国学长廊，领悟国学的精髓，感受国学的智慧，把握中华传统文化的脉搏，丰富自身的内涵，成为一个真正的文化达人。

编　者

2011年10月

图书在版编目（CIP）数据

国学经典读本（三）/黄光成主编．—成都：巴蜀书社，2012.8

ISBN 978-7-5531-0078-4

Ⅰ.①国… Ⅱ.①黄… Ⅲ.①国学－青年读物 ②国学－少年读物 Ⅳ.①Z126-49

中国版本图书馆CIP数据核字（2012）第153260号

国学经典读本（三）	黄光成　主编

责任编辑		王　雷
出　　版		四川出版集团巴蜀书社
		成都市槐树街2号　邮编610031
		总编室电话：（028）86259397
网　　址		www.bsbook.com
发　　行		巴蜀书社
		发行科电话：（028）86259422　86259423
经　　销		新华书店
印　　刷		四川机投印务有限公司
版　　次		2012年8月第1版
印　　次		2012年8月第1次印刷
成品尺寸		235mm×165mm
印　　张		12.125
字　　数		260千字
书　　号		ISBN 978-7-5531-0078-4
定　　价		20.00元

本书如有印装质量问题，请与发行科联系调换